英文法の合理的習得法
基礎がわかる・ターゲットは英検2級突破!!

三浦　誠　著
松倉 信幸

駿河台出版社

はしがき

　インターネット通信に見られる情報化と交通網のめざましい発展にともない、ますます地球が小さくなって行くに従い、そのコミュニケーションとしての言語である英語習得への大きなうねりがかつてないほど高まって来ています。

　そこで英語を習得するには、「英語の規則」すなわち「語法・文法」を学ぶのが英語習得への最短距離であり、最良の方法です。音声面を重視するTOEICにおいても、「文法」の知識がなければ、それ相応の結果は得られません。英検に代表される各種の資格試験の問題を分析して見ると、直接文法力を問う問題や英文読解など、「文法」の知識がその基盤になっている問題を多く目にします。

　本書『英文法の合理的習得法』は英検2級程度の文法のルールを詰め込み式に丸暗記するのではなく、「なぜ、そういう規則になるのか」というところまで、自ら興味を持って学習し、理解できるように5つのストラテジーを構成しました。この画期的な合理的習得方法として名付けたのが本書の「ストラテジー」すなわち「攻略法」です。なお本書の後半に、英検2級合格のための熟語400とその演習問題を加えました。

　次の5つのストラテジーを段階的に進みながら学習することによって、みなさんの英語能力は着実に仕上げられ、あるいはより一層ブラッシュ・アップするのは疑いありません。

① 「チェック問題」：まずこの問題からチャレンジしてみましょう。正解が得られなければ、ここに取り上げた箇所があなたの弱点といえます。かりに正解であっても、「要点」だけは押さえておきましょう。

② 「解説」：「チェック問題」で問題になっている文法項目の総合解説です。ここで取り上げた必要最低限の知識はしっかり身につけましょう。

③ 「要点」：最重要ポイントです。よく間違える問題例には、そのつど正しい例と間違いやすい誤った例の2種類を取り上げました。

④ 「演習問題」：実際の問題にチャレンジしてみることによって、確実に文法力を習得することが出来ます。

⑤「実践問題」：最後に実際の試験に臨むつもりで、理解し整理された知識を腕試しして、より確実なものにしましょう。

　本書は英検のみならず、文法の知識を整理して英語力そのものの向上に役立つことを願っております。また特に吉川美夫著『英文法要説』の分類法と例文を参考にさせて頂きました。

　最後に本書の出版に際してご助力並びに出版の便宜をはかって下さいました駿河台出版社代表取締役社長の井田洋二氏に心から感謝申し上げます。

著　者

目　次

Ⅰ部　語法・文法

1. 文の構造 6
2. 文の種類 14
3. 主　語 24
4. 目的語 44
5. 時　制 52
6. 助動詞 62
7. 受動態 80
8. 仮定法 90
9. 不定詞 100
10. 動名詞 120
11. 分　詞 128
12. 比　較 138
13. 関係詞 146
14. 接続詞 158

Ⅱ部　熟語

15. 一般動詞を用いた熟語100　PART-1 168
16. 一般動詞を用いた熟語100　PART-2 176
17. Be動詞で始まる熟語100 184
18. 前置詞を用いた熟語100 192

Ⅲ部　実践問題

19. 実践問題1 202
20. 実践問題2 210

I部　語法・文法

1. 文の構造

§1. 文の要素

チェック問題

( ) was a big test at school last Monday.
1 I　　　2 They　　　3 There　　　4 The student

解説　a big testが補語であるならばその主語がなければならない。しかし、選択肢には主語が見当たらない。wasの主語はa big testであり、存在構文である。

意味　先週の月曜日に学校で重要な試験があった。

解答　3

まとまった思想や感情を表す独立した言語表現を文 (Sentence) という。文は主部と述部から構成されている。

1．主部と述部

　　　主部　　／　　述部
　　The sun　　　 rises in the east.
　　My brother　 is a high school student.

要点
①文の主題となる部分を主部といい、その主題となる部分について、叙述する部分を述部という。
②主題の中心となる語を主語といい、叙述の中心となる語を述語または述語動詞という。
③主部と主語、述部と述語動詞とが一致する場合がある。
④命令文、祈願文では、時々主語が省略される：Look at that small bird.／How lovely!
⑤主部は常に文頭に位置するとは限らない：Are they flowers?

1. 文の構造／§1. 文の要素

チェック問題

I couldn't (　　　) her father out of his resolution.
1 talk　　　2 ask　　　3 show　　　4 speak

解説 talkは本来「話す」という意味の自動詞であるが、「talk＋目的語（人）＋out of [into] ＋事柄」の構造では他動詞扱いである。

意味 私は彼女の父を説得して彼の決断をあきらめさせることができなかった。

解答 1

2. 文の解剖

主語・述語動詞・目的語・補語を文の要素といい、文はその要素により、五つの基本的文型に分類できる。

<u>Price</u> <u>soars</u> <u>rapidly</u>.　　　（第一文型）
　S　　V　　M

<u>Susan</u> <u>is</u> <u>happy</u>.　　　（第二文型）
　S　　V　　C

<u>Jack</u> <u>wrote</u> <u>the letter</u>.　　　（第三文型）
　S　　V　　　O

<u>They</u> <u>gave</u> <u>me</u> <u>a new car</u>.　　　（第四文型）
　S　　V　　O　M　　O

<u>I</u> <u>found</u> <u>the book</u> <u>very</u> <u>easy</u>.　　　（第五文型）
S　　V　　M　　O　　M　　C

要点
①目的語（O）をとらない動詞を自動詞といい、たいていは修飾語（M）か補語（C）を従える。第一文型に用いられる動詞を完全自動詞といい、第二文型に用いられる動詞は、主語を補う働きをする語（句）を従えて、完全な意味になるので不完全自動詞という。

②動作がおよぶ対象となる目的語をとる動詞を他動詞といい、第三文型に用いられる他動詞を完全他動詞という。第四文型のように他動詞の中には二重目的語 (double object) を従えるものがある。第五文型に用いられる他動詞を不完全他動詞という。

| チェック問題 |

(　　　), it was not very cold.
1　Although it was snowing　　　2　In snow
3　Like snow　　　　　　　　　　4　Since it is snowing

| 解　説 |　前後のつながりから考えて「雪が降っていたけれども」の意味がもっとも合う。「接続詞＋主語＋動詞」の形をしている選択肢を選ぶ。
| 意　味 |　雪が降っていたが、そんなに寒くなかった。
| 解　答 |　1

3．語・句・節

"How many sisters do you have?" ― "Three."
"How long have you been waiting?" ― "More than one hour."
"Where is our teacher?" ― "In the room."
When he arrived, he saw the children playing baseball.

| 要　点 |
①語は言語において最少限の独立した意味単位である。口語では一語で立派な文をなしている。
②数個の語がまとまって一語に等しい意味となり、また一語に等しい機能をするものを句 (phrase) といい、口語では句のみで完全に意味をつたえる場合がある。
③二語以上の語が集まって、文の中では一個の単位の役目をして、その中に主語と述語動詞を含むものを節 (clause) という。

チェック問題

I lay in bed all day (　　　) I was tired.
1 because of　　2 in order to　　3 because　　4 so as to

解説　(　　)の後に「主語＋動詞」の構造になっているので、(　　)には接続詞が来る。これは、「原因・理由」を表す副詞節を導く接続詞である。

意味　疲れていたので一日中寝ていた。

解答　3

4．機能上からの句・節の分類

Collecting old coins is her hobby.　（名詞句）
I know that she collects old coins.　（名詞節）

I sent a Japanese doll to my friend in London.　（形容詞句）
I sent a Japanese doll to my friend who lives in London.　（形容詞節）

I have been waiting here since morning.　（副詞句）
I have been waiting here since you left this morning.　（副詞節）

He took part in the play.　（動詞句）

I happened to see him on the street.　（複合動詞句）

要点
①二語以上の語が集まって、名詞・形容詞・副詞・動詞のような役目をすることがある。
②動詞句の中には複合動詞と呼ばれるものがあり、「動詞＋非定形動詞」の構造をとる：How did you get to know him?（君はどうして彼を知るようになったのか）

演 習 問 題

次の **1** から **12** までの（　　）に入れるのに最も適切なものを 1, 2, 3, 4 の中から一つ選び、番号で答えなさい。

1. Susan sings （　　）.
　1　beautifully　　2　beautiful　　3　beautify　　4　beauty

2. Nancy looks very （　　）.
　1　happening　　2　happily　　3　happiness　　4　happy

3. （　　） wrote his first poem at the age of seventeen.
　1　Tom was　　2　Tom　　3　It was　　4　That he

4. （　　）, rather than my credit cards, was lost.
　1　Driver's license and I　　2　Driver's license I am
　3　My driver's license　　4　I have my driver's license

5. （　　） is a sign of winter.
　1　That the trees lost their leaves　　2　The trees lost their leaves
　3　Their leaves of the trees　　4　During losing their leaves the trees

6. Her house （　　） just around the corner.
　1　there is　　2　is　　3　it is　　4　are

1. 文の構造／演習問題

演習問題のポイントと解説

1. **解説** singは「歌を歌う」の意味の自動詞でSusan sings.だけでも文は成り立つが、修飾語（句）を加えて、より複雑な意味を表す。名詞や形容詞は動詞や文全体を修飾する働きをしない。問題文では様態の副詞が修飾語として用いられている。
   意味 スーザンは美しく歌を歌う。　　　　　　　　　　　　**解答** 1

2. **解説** 動詞lookは「～を見る」という意味の他動詞でなく、「～に見える」という意味の自動詞である。つまり、lookは補語になる形容詞や名詞を従える。問題文では副詞veryがあるので形容詞が来る。
   意味 ナンシーはとても幸せに見える。　　　　　　　　　　**解答** 4

3. **解説** 動詞wroteの主語が問題文に見当たらないということは、（　）が主語である、主語になるのは代名詞か名詞の働きをする語（句）である。
   意味 トムは17才で初めての詩を書いた。　　　　　　　　　**解答** 2

4. **解説** 動詞wasの主語はrather than my creditではなく、（　）が主語である。
   意味 クレジットカードではなくむしろ運転免許証をなくした。
   　　　　　　　　　　　　　　　　　　　　　　　　　　　　　解答 3

5. **解説** 動詞is の主語は（　）である。thatは「～ということ」の意味で、文を名詞節に変える働きをする。
   意味 葉っぱが木から枯れ落ちることは冬の前兆だ。　　　　**解答** 1

6. **解説** 主語her houseは単数なので、その動詞は単数形になる。
   意味 彼女の家は角をまがったすぐのところにある。　　　　**解答** 2

11

演 習 問 題

7. (　　) many famous poets in the 1880s.
　　1　There was　　2　It was　　3　It　　4　There were

8. (　　) of the surface of the Earth is covered by water.
　　1　Nearly three quarters　　　　2　It is nearly three quarters
　　3　That three quarters is nearly　4　Being nearly three quarters

9. (　　) for her to buy the car with cash.
　　1　Impossible　　　2　To be impossible
　　3　It impossible　　4　It is impossible

10. Betty can (　　) to the meeting.
　　1　come　　2　to come　　3　comes　　4　came

11. (　　), I'd like to finish a beauty school.
　　1　Before I'm twenty-one　　2　If I will be twenty-one
　　3　Whether I'm twenty-one　　4　When I will be twenty-one

12. Unemployment has become a serious problem (　　) the last few years.
　　1　for　　2　when　　3　during　　4　while

1. 文の構造／演習問題

演習問題のポイントと解説

7. **解説** many famous poets が補語や目的語になるような主語と動詞が見当たらない。There were と It was と There was は「主語＋動詞」の形をしているが、存在構文のため、動詞の主語は many famous poets である。それを受けて動詞は複数形になる。
意味 1880年代には多くの有名な詩人たちがいた。　　**解答** 4

8. **解説** 「地球の表面の〜」の「〜」に当たる（　）に入る語は動詞 is の主語である。
意味 地球の表面の4分の3は水におおわれている。　　**解答** 1

9. **解説** It is impossible for 〜 to... は「〜が...することはできない」という意味になる。it は形式主語であり、意味上の主語は for her 以下である。
意味 彼女が現金でその車を買うことはできない。　　**解答** 4

10. **解説** 助動詞に続く動詞は原形である。
意味 ベティは会合に来ることができる。　　**解答** 1

11. **解説** 2と4は「時や条件を表す副詞節の中では未来時制の代わりに現在時制を用いる」という規定に当てはまらない。3は I'd like to finish 以下と意味的に合わない。
意味 私が21になる前に、美容教室を終了したい。　　**解答** 1

12. **解説** 「ここ数年の間」という意味で、ある特定の期間にわたって続いている場合に during を用いる。during the last few years は副詞句の働きをする。for は He studied for three years in Paris. のようにある行為がある期間（3年間）にわたって続いている場合に用いる。
意味 失業はここ数年間にわたって深刻な問題になっている。

解答 3

2. 文の種類

§1. 文の分類

チェック問題
(　　　) beer every day?
1 Do you have　　2 Are you　　3 Does you have　　4 Have you

解説　疑問文を作る時、動詞haveが「飲む」という意味の動作動詞の場合は、助動詞を用いる。

意味　あなたは毎日ビールを飲みますか。

解答　1

1. 平叙文

    ある事実を述べる文で、その基本的形式は「主語＋動詞」である。
    He is a liar. / I don't like babies.

2. 疑問文

    ものを問う文で、その基本的形式は「動詞＋主語」である。さらにこの文は形式上から次の二種類に分類できる。
    (A) Yes－No疑問文：yesまたはnoで始まる答えを求めるもの
    Is George kind to you? / Do birds eat worms?

要点
Yes-No疑問文の作り方
①be動詞による疑問文は、主語と動詞の語順を倒置させる：
George is kind to you. → Is George kind to you?
②be動詞以外の一般動詞による疑問文では、助動詞do[does, did]を用いて「do[does, did]＋主語＋動詞」の順にする：
Birds eat worms. → Do birds eat worms?
③助動詞を用いた文では、「助動詞＋主語＋動詞」の順にする：
He will come here tomorrow. → Will he come here tomorrow?

2. 文の種類／§1. 文の分類

チェック問題

(　　) is it from here to the airport?
1 How many times　　2 How long　　3 How far　　4 How fast

解説　距離をたずねる疑問文である。how many times「何回」、how long「どのくらいの期間」、how first「どのくらいの速度」はそれぞれ回数、期間、速度をたずねる場合に用いる。

意味　ここから空港までの距離はどのくらいですか。

解答　3

(B) wh-疑問文：疑問詞（who, what, where, how, etc.）で始まるもの
Who goes there?
What does your mother do?
Where do you feel the pain?
How do you make it?

要点

wh-疑問文の作り方

例えば Columbus discovered America in 1492. の文で、各
　　　　　(a)　　　　　　　(b)　　　(c)
項の一つが不明の場合、その不明を尋ねるときは、その不明の項を疑問詞に置きかえ、それを文頭に移し、主語と動詞を倒置する。ただし、主語の位置に疑問詞が来る場合は例外である。

①Who discovered America in 1492?
　(a)

②What did Columbus discover in 1492?
　(b)

③When did Columbus discover America?
　(c)

なお、修飾語を疑問詞に置き換えた疑問文は次のとおり：He has three children. → How many children does he have?

チェック問題
(　　) noisy, please. 1 Be not　　2 Don't be　　3 Mustn't　　4 Not be

解　説	否定の命令文には一般動詞やbe動詞にdon'tやneverをつける。
意　味	さわがないでください。
解　答	2

3．命令文

命令や依頼を表す文で、その基本形式は「動詞」のみから成るが、ときには「主語＋動詞」または「動詞＋主語」の形をとることもある。

　　Go away. / Do your best. / Don't say that again.
　　Make haste, or you will miss the train.（急げ、さもないと列車に乗り遅れるよ）

要　点
①動詞は常に原形が用いられる。 ②口語では、強意的な要求はdoを動詞の前につけることが多い：Do take some more.（ぜひ、もう少し召し上がれ） ③否定命令文をつくるには、一般動詞・be動詞の前にDon'tやNeverを置く：Don't be noisy. ④主語を強調する場合に命令文に主語Youをつけることがある：You go away. ／ Don't you say that again. ⑤命令文が勧誘と譲歩の意味を示すことがある：Let's stay here a week.（勧誘）／Be it ever so humble, there's no place like home.（どんなに粗末であっても、わが家のようによい所はない）（譲歩） ⑥命令文とそれに続くwillを用いた平叙文との関係は、条件と帰結の関係である。条件が満たされない時は、接続詞orを、条件が満たされる時は、andを用いる：Hurry up, and you will catch the train.（急げ、そうすれば列車に間に合うよ）

チェック問題

(　　　) this watermelon is!

1 What big　　2 Big what　　3 How big　　4 What a big

解説　感嘆文であり、「〜＋形容詞＋主語＋動詞」の型である。
意味　これはなんて大きなスイカなんだろう。
解答　3

4．感嘆文

感動を表す文では、WhatやHowで始まるのが普通である。この場合、「主語＋動詞」は文尾に回るが、時々それが省略されることがある。

What a pretty flower this is!
How fast he runs!
What a terrible accident!
How foolish of him!

要点
①形容詞や副詞を強調する場合は「How＋形容詞（副詞）＋主語＋動詞」の形をとる。
②名詞句を強調する場合は「What (a, an)＋形容詞＋名詞＋主語＋動詞」の形をとる。名詞が複数形の場合にはa [an]をつけない。
③感嘆文の主語が一人称単数である場合はIではなく、meが使用される：Oh me! That awful dream!（ああ、あのこわい夢ときたら）
④感嘆文と疑問文の語順に注意：How tall she is!（感嘆文）／How tall is she?（疑問文）

> **チェック問題**
> There is someone under the door, (　　　)?
> 1 isn't he　　　2 are they　　　3 is there　　　4 isn't there

解説 Thereは主語ではないけれども、付加疑問文では主語とみなされる。

意味 木の下に誰かいるでしょう？

解答 4

5．否定文 I

以上五種類の文のうち、平叙文・疑問文・命令文には否定形があり、これを否定文という。

　　　I am not happy.（私は幸福ではない）
　　　We don't learn French.（私達はフランス語を学ばない）
　　　Don't you like music?（音楽は好きではありませんか）
　　　Should you have any questions, please do not hesitate to contact our office.（何か質問があったら、遠慮なく当方へ知らせて下さい）

> **要点**
> ①否定文の作り方
> 　(a) be動詞にはその後にnotを添える。
> 　(b) be動詞以外の一般動詞にはdo［does, did］を用いて、「do［does, did］＋not＋一般動詞の原形」の形にする。
> 　(c) 助動詞のあるときは、助動詞の後にnotを添える。
> 　(d) 進行形の場合には、「be動詞＋not＋〜ing」の形にする。
> 　(e) 完了形の場合には、「have［has］＋not＋一般動詞の過去分詞」の形にする。
> ②平叙文以外の否定形に注意：Didn't you go to school?

チェック問題

None of the books (　　　) used before.
1 has been　　　　2 is　　　　3 have been　　　　4 are

解説　代名詞noneはnot a single one「1つの」の意味の場合は単数動詞をとるが、not any「どれも」の意味の場合は複数動詞をとる。
意味　これらの本のどれも以前に使われたことがない。
解答　3

6．否定文Ⅱ

否定文はbe動詞や助動詞の後に否定のnotを置くとは限らない。主語・目的語・補語・修飾語（句）などに否定の意味を含んだ語句を用いる場合がある。

No one should pride themselves on this result.（だれもこの成果を自慢してはならない）

Jack knows nothing about the accident.（ジャックは事故について何も知らない）

There were no letters for you this morning.（今朝、あなたへの手紙はなかった）

要点
① no oneはnobodyとほとんど同じく、「誰も～ない」という意味であり、人にだけ用いる。
② 2つの事物を否定する場合はneitherで単数扱いである：
Neither house is exactly what I want.（どちらも私の欲しい家ではない）ただし、名詞に他の形容詞などがついている場合は「neither of～」の形を用いて、単数・複数両扱いである：
In the library I found neither of the books I was looking for.（捜していた本のどちらも図書館で見つからなかった）
③ 数量詞littleやfewに不定冠詞がつかない場合は「ほとんどない」という否定の意味になる。littleは不可算名詞、fewは可算名詞を修飾する。

演習問題

次の 1 から 12 までの（　）に入れるのに最も適切なものを 1, 2, 3, 4 の中から一つ選び、番号で答えなさい。

1. Please let us （　） when the movie will be released.
   1 to know　　2 know　　3 knowing　　4 to knowing

2. （　） a stomachache?
   1 Do you often have　　2 Have you often
   3 Does you often has　　4 Has you often

3. "Have you ever been abroad?"
   "No, （　）."
   1 I have never　　2 I ever have not
   3 I haven't ever　　4 I never have

4. （　） sure that you get there five minutes earlier.
   1 Do　　2 Have　　3 Make　　4 Take

5. Please （　） your name on the line of the traveler's check before you use it.
   1 signature　　2 sign　　3 write of　　4 fill

6. Betty heard a faint noise behind her back, but when she turned back, there was （　）.
   1 anybody　　2 no body　　3 no one　　4 somebody

演習問題のポイントと解説

1. **解説** 命令の内容が一人称で発せられる場合は、使役動詞letを用いて「let＋us＋toなし不定詞」の形をとる。
   意味 どうか、その映画がいつ封切りになるか教えて下さい。
   解答 2

2. **解説** 動詞haveは「持っている」という状態動詞の意味でなく、動作動詞の「経験する」という意味である。
   意味 あなたは胃が痛くなることがよくありますか。
   解答 1

3. **解説** 問いに対する答えが助動詞haveで終わる場合はhaveの発音が強勢形で発声されるため、I never have.の語順をとる。
   意味 「外国へ行ったことがありますか」
   「いいえ、ありません」
   解答 4

4. **解説** 「make sure that＋主語＋動詞」の形で、「確実に〜する」の意味になる。この文は命令文である。
   意味 確実に五分早くそこに着くようにしなさい。
   解答 3

5. **解説** signatureは「署名」という名詞である。（　）には「署名する」という意味の動詞が来る。
   意味 旅行者用小切手を使う前に、あなたは小切手のこの線のところに名前を署名して下さい。
   解答 2

6. **解説** 問題文中に接続詞butがあるから、「だれも〜でない」いう意味を持つ語が選択される。2はno bodyと2語になっているので選択できない。
   意味 ベティは背後でかすかな物音を聞いたが、彼女が振り返った時には、だれもいなかった。
   解答 3

演 習 問 題

7. In the train, (　　).
　1 his wallet being stolen　　2 his wallet stealing
　3 he was stolen himself wallet　　4 he had his wallet stolen

8. I have (　　) difficulty in understanding what you say.
　1 little　　2 few　　3 every　　4 short

9. Australia is the most beautiful country we've ever visited, (　　)?
　1 haven't we　　2 isn't it　　3 is it　　4 have we

10. If you don't go, I shall not go, (　　).
　1 neither　　2 too　　3 either　　4 nor

11. (　　) from Tokyo to New York?
　1 How far is it　　2 How long it is
　3 How way is　　4 How distance is

12. Do you know (　　)?
　1 how much does this bicycle cost　　2 what does this bicycle cost
　3 how much is this bicycle　　4 how much this bicycle costs

演習問題のポイントと解説

7. **解説** 「have＋目的語＋過去分詞」で「(目的語)を～される」という意味で、被害を表す。
   意味 電車で財布を盗まれた。　　**解答** 4

8. **解説** difficultyのような数えることのできない名詞の前にmuchやsomeなどの修飾語が置かれて、名詞の程度を表す場合がある。問題文の正答はlittleであり、「ほとんど～ない」という否定の意味に使われている。
   意味 あなたの言うことを理解するのにほとんど苦労しない。
   解答 1

9. **解説** 付加疑問文の問題である。付加疑問文の作り方は肯定文には否定形を、否定文には肯定形をつける。オーストラリアのことを相手に同意を求めていることから、当然、付加疑問文の主語が決まる。
   意味 オーストラリアは私達が訪れた最も美しい国ですよね。
   解答 2

10. **解説** 否定構文の繰り返しの場合には、「not～either」か「neither[nor]＋動詞＋主語」の形にする。
    意味 あなたが行かないなら私も行かない。　　**解答** 3

11. **解説** 距離を尋ねる疑問詞はhow farであり、主語は非人称のitを用いる。
    意味 東京からニューヨークまでの距離はどれくらいですか。
    解答 1

12. **解説** 選択肢から判断して、（　）内は「この自転車はいくらですか」という意味で、How much does this bicycle cost ?となる。この文が主文の疑問文Do you know～に組み込まれると、間接疑問文になって、語順は平叙文の語順になる。
    意味 この自転車はいくらか知っていますか。　　**解答** 4

3. 主語

§1. 主語になりうるもの

チェック問題

(　　　) of us has contributed some money for the poor children so far.
1 Every　　　2 Each　　　3 Some　　　4 Many

解説　助動詞hasは三人称単数なので、主語になる代名詞は単数形である。eachは単数扱い。everyは代名詞の用法はない。someやmanyは複数扱いである。

意味　私達一人一人は貧しい子供達にこれまでお金を少し寄付してきた。

解答　2

The man came from Tokyo.（その人は東京から来た）（名詞）
He stops and looks back.（彼は立ち止まり、振り返ります）（代名詞）
The accused（＝The person who was accused）was sentenced to death.（被告は死刑の判決を受けた）（the＋分詞）

要点
①主語になりうるものは基本的には名詞である。
②日本語と違って、英語では無生物を示す名詞も動作の主体として考えられる：The simplicity of the book makes it suitable for children.（その本は平易に書いてあるから、子供たちに適する）
③「the＋形容詞」は普通名詞の役目をする：The rich should think of the poor.（金持ちは貧乏人のことを考えるべきだ）
④「the＋分詞」は単・複の普通名詞の役目をする。

チェック問題

(　　) the children is your responsibility.
1　For taking care of　　　　2　That take care of
3　Taking care of　　　　　　4　To being taken care of

解説　問題文の（　　）はbe動詞の主語である。選択肢から「子供達の世話をするのは」という意味であると判断できる。選択肢の中で名詞の働きをするのは動名詞の3だけである。

意味　子供達の世話をするのはあなたの責任である。

解答　3

Keeping early hours is good for the health.（早起きは健康によい）（動名詞）
That he was there is certain.（彼がそこにいたことは確かだ）（名詞節）
To err is human, to forgive divine.（あやまちは人の常、許すは神のわざ）（不定詞）

要点
①形容詞を特に主題として取り上げる必要がある時には、臨時的用法として主語になる場合がある：Steady does it in the long run.（落ち着いてやれば結局うまく行くのだ）
②動名詞が主語になる時は、一般的な事実・現実を示すことが多い。
③動名詞が単独で主語になる：Parking is prohibited on this street. また、補語・目的語・副詞（句・節）を引き連れて動名詞句として主語になる：Mastering a foreign language is very difficult.（外国語を習得することは実に難しい）：Speaking too fast is his only fault as a teacher.（早口なのは教師としての彼のただ一つの欠点だ）
④不定詞が補語・目的語・修飾語を伴って長い不定詞句になるときは「It is～to不定詞」の構文が好まれる：It is very hard to give up smoking.（タバコを止めることはとても難しい）

§2. 主語としての注意すべき名詞

> **チェック問題**
>
> (　　　) had not dimmed her memory.
> 1 She　　　2 Thirty years
> 3 Since thirty years have passed
> 4 When it has passed thirty years

解説 問題文は「〜は彼女の記憶をぼんやりさせなかった」という意味の無生物主語の構文である。

意味 30年たっても彼女の記憶は薄れていなかった。

解答 2

　主語には名詞か代名詞がなるのが最も普通であるが、そのうち無生物を表す名詞が主語として用いられる場合は注意を要する。

1．無生物主語

　　物や抽象的な事がしばしば、be動詞以外の動詞の主語になる。これを無生物主語と言う。

　(A)「時」を示す名詞

　　時間を示す名詞は原因や動機に限らずもっと広く動作主 (agent) となる。動詞としては、see, find, bring などが用いられる。

Every night found him poring over his books.（毎晩彼は熱心に書物を読んでいた）

The next day brought a long answer.（翌日になると、彼の所に長い返事が届いた）

The year saw my first success.（その年に私は初めて成功した）

> **要点** 「時」を示す名詞は原因とはならない。訳し方は「時」を示す副詞の形で訳すこと。

チェック問題
Street noises deprived her (　　) sleep.   1 to　　　2 as　　　3 of　　　4 in

解説 問題文は「無生物の主語＋deprive＋～＋of」の形であり、「主語のせいで～は...でない」という意味である。

意味 街路の騒音で彼女は眠れなかった。

解答 3

(B)「原因」を示す名詞

　事の原因は人を動かして、ある行動をとらせるというふうに考えられるので抽象名詞でも他動詞の主語になる。

A short walk brought us to the museum.（しばらく歩くと、私達は博物館に来た）

The misery in his face stopped her.（彼の顔の苦悩を見ると、彼女は立ちどまった）

The failure drove him into despair.（この失敗がもとで、彼は自暴自棄に陥った）

My cold prevents me from going out.（風邪のために、私は外出できない）

The coffee enabled us to keep awake during the dull meeting.（コーヒーのおかげで、私たちはその退屈な会合の間眠らずにすんだ）

要点 日本語で、「原因」は副詞的に「～すると」、「～のため」、「～で」などのように表現するから、その要領で訳す必要がある。

§3. 主語としての注意すべき代名詞

> **チェック問題**
> In the 19th century we neglected (　　　) poor as we amassed wealth.
> 1 me　　　　2 our　　　　3 my　　　　4 it

解　説　問題文の主語のweは19世紀の「国民」という意味である。
意　味　19世紀、国民は富が増えると貧乏な人をないがしろにした。
解　答　2

1．総称的意味の人称代名詞

　　人称代名詞we、you、theyが漠然と「一般の人々」を表すことがある。
We boys are stronger than you girls.（われわれ男の子はきみたち女の子よりも強い）
They sell a lot of fruits at that store.（あの店ではいろんな果物を売っている）
You never know what will happen next.（次に何が起こるかだれにもわからない）

> **要　点**
> ①漠然と「一般の人々」を示すが、必要によりその範囲は同格名詞でもって明確にされる。
> ②副詞でもって明確にされる。
> ③制限的語句がないときは、ごく広い意味になり、oneを用いることも可能である：One should not judge people by one's past mistakes.（人は過去の過ちで人を判断してはいけない）

3. 主語／§3. 主語としての注意すべき代名詞

> **チェック問題**
> "Who is (　　　) that loves and understands you at all times?"
> "It's John."
> 1 they　　　2 he　　　3 it　　　4 she

解説　返答の文のIt's John.で判断できるように、「それ」とさしたものが単数であることがわかる。しかし、質問の段階では「あなたを愛して理解してくれる人は単数なのか複数なのか、男か女か明確ではない。このように問題となっているものを示す場合はitを用いる。that以下の関係詞節はitを修飾している。

意味　「いつでもあなたを愛し理解してくれる人はだれですか。」
「ジョンよ。」

解答　3

2．非特定のit
　(A) 疑問となっているものを指す場合
　　　"Who's there?" "It's me, sir."（「どなた」「私です」）
　　　I hear a knock on the door. It will be Betty.（ドアをノックする音が聞こえる。ベティでしょう）
　　　"Hello, it's Bess."（「もしもし、こちらベスです」）

> **要点**
> ①itが受ける名詞が既述事項の中に見当たらず、その場で疑問となっているものを指すが、疑問の対象ははっきり明示されていないので、itが何を指すかは、文脈またはその時の状況から判断するしかない。
> ②性別が判明しない場面で人間をitで呼ぶことがある。

チェック問題
(　　) is a long way from here to the sea. 1 It　　2 We　　3 He　　4 This

解　説　be動詞の補語として距離を表すa long wayが続いている。
意　味　ここから海までずいぶんある。
解　答　1

　(B) 天候・時間・距離などを表す場合
　　It is very cold at night now.（このごろ夜はとても寒い）
　　It was only four o'clock; but it was quite dark.（まだ4時だったが、すっかり暗かった）
　　How far is it to the station?（駅までどれくらいありますか）
　　It is all over with them.（彼らは万事休すだ）
　　It is five years since I left Tokyo.（東京を離れて5年になる）
　　What day is it today?（きょうは何曜日ですか）
　　How it's snowing!（なんてひどい雪だ）

要　点
①いわゆる非特定のitで、漠然とした天候・時間・場所・距離・事態などのものを表すが、それが何を表すかは、文が進行するにつれて明確になる。 ②距離を表す場合には、すべてitを用いるわけではない：What is the distance to the station? ③日常の生活を話題にする場合にもitが用いられる："How is it going?" "Well, not too bad."（「(体の)調子はどうだい」「まあまあだね」）

3. 主語／§3. 主語としての注意すべき代名詞

> **チェック問題**
>
> It is I who (　　) to blame.
> 1 are　　2 am　　3 was　　4 were

解　説　「it is ～ that...」の強調構文のitに続くbe動詞の時制はthat [who, which, when] 節の時制と一致する。

意　味　悪いのは私です。

解　答　2

3．強調構文のit

It was Mr. Robert that [who] took our children to the theater yesterday. (きのう私たちの子供たちを芝居を見に連れていったのはロバートさんだった)

It is in America that most of cotton is grown.（綿のほとんどが産出されるのはアメリカである）

> **要　点**
>
> ①「It is [was]～that」は代表的な強調構文であり、It is [was]とthatにはさまれた語句が強調される。たとえば、Columbus discovered America in 1492.の下線の語句が強調される：It was Columbus that discovered America in 1492.／It was America that Columbus discovered in 1492.／It was in 1492 that Columbus discovered America.
>
> ②「人」を強調する場合はwho、「物」の場合はwhich、「時」を表す副詞の場合はwhenが使われることがある：It is you who are to blame.／It was the day before yesterday when I met him.
>
> ③動詞の人称・数の一致に注意すること：It is you that are wrong.／It is he that is wrong.／It is I that am wrong.
>
> ④強調構文は時にthatを欠くことがある：It is you did it. (君がそれをやったのだ)

> **チェック問題**
> (　　) to learn English.
> 1　I am beyond expression　　2　I don't find it easy
> 3　I am not easy　　　　　　4　It is difficult for me

解　説　主語の位置には名詞的な働きをするものがくるから、不定詞(句)を置くことができるが、ここでは、主語に当たる不定詞が長いので、代わりにitを置いて不定詞(句)を後ろに置いた文である。meはforの目的語であるが、それ自身は不定詞to learnに対して意味上では主語の働きをしている。

意　味　英語を学ぶことは難しい。

解　答　4

4．形式主語
　(A)　不定詞を代表する場合
　　It was necessary to drag them in by force.（彼らをむりやり引きずり込むことが必要だった）
　(B)　動名詞を代表する場合
　　It was hard having no one I could talk to.（話し相手のないことはつらいことだった）
　(C)　that-clauseを代表する場合
　　It is not likely that he will come.（彼は来そうにもない）

> **要　点**
> ①不定詞の意味上の主語は「for＋目的語」で表す：It is time for him to be back.（彼が帰る時間だ）
> ②itによって代表されるのは必ずしもthat-clauseとはかぎらない：It is curious how characteristic each country is.（各国がそれぞれ特色をもっていることは奇妙なことです）

§4. 非定形動詞の意味上の主語

> **チェック問題**
> (　　　) to watch carefully what politicians say and do.
> 1　We are extremely important
> 2　It is extremely important for us
> 3　It is extremely important that we are
> 4　It is extremely important so as for us

解説　主語の部分には名詞が置かれるから、名詞の働きをする不定詞を置くことができる。問題文は、主語にあたる不定詞が長いので主語の位置に形式的なitを置いて、不定詞を後に置いたものである。to不定詞の意味上の主語はusである。

意味　政治家がどのような言動をとるかを私たちが監視することはきわめて重要なことである。

解答　2

不定詞・動名詞・分詞など非定形動詞は意味上の主語を持つことがある。

1．不定詞の意味上の主語

「for＋目的語＋to不定詞」の形で、「for＋目的語」は後に続く不定詞に対しては意味上の主語としての関係にある。

(A) 名詞的用法

For her to go would be the best thing.（彼女が行くのが最もよいことであろう）

The best plan is for you to lend him your car.（最善な案はあなたが彼に車を貸すことだ）

> **要点**
> ①文の主語になっているので、形式主語を用いるのが普通である：It would be the best thing for her to go.
> ②「for＋目的語（人）＋to不定詞」が文の主語やbe動詞の補語として用いられる。

> チェック問題
> There is no house (   ).
> 1 her to live in   2 of her to live in house
> 3 for her to live   4 for her to live in

解説 問題文は存在構文であり、There is no houseにしての叙述である。選択肢から判断して、「彼女が住む家がない」という意味になる。つまり、「for＋目的語＋to不定詞」の形で、意味上、主語と述語の関係を作り、名詞houseを修飾している。分析すれば、不定詞to live inはhouseにさかのぼって、live in a houseという結合が考えられる。また、意味上の主語herにはかならずforが添えられる。

意味 彼女には住む家がない。

解答 4

(B) 形容詞的用法
It is time for him to be back.（もう彼が帰るべき時間だ）
There are many things for us to do.（われわれがすることはたくさんある）
This is a good opportunity for him to take.（これは彼が得るべき好機である）

(C) 副詞的用法
The stone was too heavy for the child to lift.（その石は子供が持ち上げられないほど重かった）
He held the door shut for her not to pass out.（彼は彼女が出ていかないようにドアを閉めていた）

> **要点**
> ①「for＋目的語（人）＋to不定詞」は「～が...すべき」という意味で、名詞を修飾することがある。また、副詞の役目をすることもある。
> ②形容詞的用法のto不定詞が自動詞の時には前置詞を添える。

> **チェック問題**
> My father hates (　　　) a newspaper at breakfast.
> 1　I am read　　　　　　2　my reading
> 3　for me to read　　　　4　to reading

解説　hateは「〜するのを嫌う」という意味の他動詞で、目的語として動名詞や不定詞を従える。動名詞は、意味上の主語が文の主語と違う場合は、所有格や目的格を、意味上の主語として動名詞の前に置く。

意味　父は、朝食時に、私が新聞を読むのをいやがる。

解答　2

2．動名詞の意味上の主語

　　具体的な行為を表す場合に動名詞を用いる。動名詞には意味上の主語を置く場合がある。

(A) 所有格の場合

　　His going out drew her notice.（彼が出て行くのが彼女の注意を引いた）

　　I don't like your going out after dark alone.（暗くなってから君がひとりで外出するのを好まない）

　　There's no harm in Evie's writing a book.（エヴィーが本を書いても悪いことではない）

> **要点**
> ①動名詞句は、全体で一つの単位を成して、文の主語、動詞・前置詞の目的語になったりする。
> ②動名詞は一種の名詞の働きをするため、動名詞の意味上の主語として所有格を動名詞の前に置くほうが理に合っている。

チェック問題

My mother didn't approve of (　　　) to a dance together.
1　Jack and Jean going　　　2　to Jack and to Jean going
3　Jack's and Jean's go　　　4　for Jack and Jean to go

解　説　前置詞ofの目的語として名詞の働きをする動名詞がくる。動名詞の意味上の主語が「名詞＋名詞」の場合は所有格ではなく、目的格を用いる。

意　味　母はジャックとジェーンが一緒にダンスに行くことに賛成しなかった。

解　答　1

(B) 所有格でない場合

He doesn't like me going fishing.（彼は私が魚釣りに行くのを好まない）

Women having the vote expand their political power.（女性が投票権を持てば彼女たちの政治力が拡大する）

要　点

①意味上の主語が(代)名詞である場合は所有格でないこともある。ただし、名詞が人間を表すならば所有格にもできる。

②意味上の主語が無生物を示す名詞であるとき：In spite of the sun shining through the leaves the air was keen and chilly.（太陽は木の葉の間から輝いていたにもかかわらず、空気は身を切るように冷たかった）

> **チェック問題**
>
> He thinks that (　　) fishing is a lot of fun.
> 1 goes　　　2 going　　　3 to going　　　4 go to

解　説	動名詞は名詞の働きをするから文の主語になることができる。動名詞の主語は主文の主語と同一であるので省略する。
意　味	彼は魚釣りに行くのはとても楽しいことだと考えている。
解　答	2

(C) 意味上の主語が不必要な場合

Seeing is believing.（百聞は一見にしかず）

Making life means making trouble.（生きていくことは大変なことだ）

Reading English is more difficult than speaking it.（英語を読むことは話すことよりむずかしい）

She insisted on going there.（彼女はそこに行くとせがんだ）

I blamed her for wasting money.（私は彼女がお金を浪費することを責めた）

> **要　点**
>
> ①動名詞の意味上の主語が不要な場合は、一般的な人々を表すとき。
>
> ②動名詞の意味上の主語が不要な場合は、主文の主語と同一のとき。
>
> ③動名詞の意味上の主語が不要な場合は、主文の目的語と同一のとき。

チェック問題
(　　) his photography, she began to cry. 1　See　　2　Saw　　3　To see　　4　Seeing

解　説	問題文は基本的な分詞構文である。分詞構文の主語にあたるのは主文の主語のsheであり、主文の時制と分詞構文の時制は同じである。
意　味	彼の写真を見ると、彼女は泣き出した。
解　答	4

3．分詞の意味上の主語

(A) 主文の主語と同一の場合

Arriving at the station, she found that the train had already started. (駅に着いたら、列車は出てしまっていた) (＝When she arrived at the station, she found that the train had already started.)
The plane departed from Misawa at five, arriving in Tokyo at seven thirty. (その飛行機は5時に三沢を出発して7時30分に東京に着いた)
Having eaten our lunch, we returned to the bus and left the library. (私達は昼食を食べて、バスに戻って図書館を出発した) (＝After we had eaten our lunch, we returned to the bus and left the library.)

要　点	①分詞の意味上の主語が主文の主語と同じ場合は省略する。 ②分詞の主語が話し手自身、または一般的でだれでもよいような場合は主文の主語と一致しない：Generally speaking, girls make better linguistics than boys. (一般的に言って、女の子の方が男の子よりことばの上達が早い)

チェック問題

He could hear the sound of (　　　).
1　a cup broken　　　　2　a breaking cup
3　a broke cup　　　　　4　a cup broke

解説　分詞は本来、名詞を修飾する語であるが、ofの目的語である名詞と分詞の間には、意味上の主語と述語の関係がある。つまり、「コップが割れる」という意味関係になる。

意味　彼はコップの割れる音を聞いた。

解答　1

(B) 主文の主語と異なる場合

My mother being ill, I stayed at home.（母が病気だったので、私は家にとどまった）

There is one of his sisters sitting just behind you.（君のちょうど後ろに、彼の姉妹のひとりがすわっている）

He caught a glimpse of the sea shining between the trees.（彼は、海が木々の間に光っているのをちらりと見た）

She stood with her face turned away from us.（彼女はわれわれから顔をそむけて立っていた）

要点　①主文の主語と分詞の主語が異なるときは、分詞にその主語が付加される。
②「of＋目的語＋分詞」のときの目的語が分詞の意味上の主語になる。

演 習 問 題

次の **1** から **12** までの（　　）に入れるのに最も適切なものを 1, 2, 3, 4 の中から一つ選び、番号で答えなさい。

1.（　　）is indispensable to the economy of that region.
　　1 It is gold mining　　　　　2 Gold mining
　　3 Although gold mining　　4 That gold mining

2.（　　）has caused many terrible floods.
　　1 A Yellow River　　2 Yellow River
　　3 Yellow Rivers　　　4 The Yellow River

3.（　　）have fine weather tomorrow.
　　1 It will　　2 You will　　3 We will　　4 It shall

4.（　　）her only daughter nearly drove her mad.
　　1 Lost　　2 Losing　　3 Being lost　　4 Lose

5.（　　）is quite certain.
　　1 That she will succeed　　2 That will succeed
　　3 She will succeed　　　　4 That succeed

6. Bob stood with his face（　　）away from them.
　　1 to turn　　2 turning　　3 turned　　4 turn

演習問題のポイントと解説

1. **解説** 文は少なくても1つの独立した節を持っている。そして、独立した節は1つの主語と1つの定形動詞から成り立っている。（　）は主語であり、主語には名詞の働きをするものが来る。
   意味 金の採鉱はその地域の経済に不可欠のものだ。　**解答** 2

2. **解説** 運河、川、海洋などの名称にはtheをつける。
   意味 黄河は今までに数多くのひどい洪水を引き起こしてきた。
   解答 4

3. **解説** 主語に天気を表すitを用いるとIt will be fine tomorrow. となる。
   意味 明日は天気が良いだろう。　**解答** 3

4. **解説** drove her madの主部は（　）からher only daughterまでである。（　）にはher only daughterを目的語に従える動詞と名詞を兼ねる語が来る。
   意味 ひとり娘をなくして彼女は気も狂わんばかりになった。
   解答 2

5. **解説** 「that＋主語＋動詞」は「〜ということ」という内容を従える節を作り、名詞節として主語になる。
   意味 彼女が成功することは全く確実である。　**解答** 1

6. **解説** 「with＋目的語＋分詞」の構造で目的語と分詞とが意味上の主語と述語の関係にある。withの後ろの名詞を基準に能動か受動かを見て、後ろに続くのが現在分詞か過去分詞かが決まる。「with＋目的語＋分詞」の部分は「彼の顔がそむけられて」という受動の関係である。
   意味 ボブは彼らから顔をそむけて立っていた。　**解答** 3

演 習 問 題

7. I don't recollect (　　) particular happening last night.
　　1 anything　　　　　　　　2 anything's
　　3 what anything is　　　　　4 anything of

8. She always wears a pearl necklace. She says (　　) is a token from her aunt.
　　1 he　　　　2 they　　　　3 she　　　　4 it

9. The rich (　　) not always happy.
　　1 gets　　　2 are　　　　3 has　　　　4 is

10. (　　) was still worse.
　　1 Whatever follows　　　　2 That followed
　　3 What followed　　　　　　4 The things that will follow

11. This work enabled me (　　) a living.
　　1 to make　　2 make　　　3 making　　　4 to making

12. It is likely (　　) today.
　　1 that he will come here　　2 that will come here
　　3 to come here　　　　　　　4 to coming here

演習問題のポイントと解説

7. 　**解　説**　分詞の意味上の主語が物であるので、所有格にすることができない。
　　意　味　昨夜特別なことが起こったという覚えがない。　　**解　答**　1

8. 　**解　説**　動詞isの主語は「真珠のネックレス」であるが、前文と同じ語(句)を二度くり返さないで指示代名詞を用いるのが英語の特徴である。a pearl necklaceは物で単数形である。
　　意　味　彼女はいつも真珠のネックレスをしている。それはおばの形見だそうだ。　　**解　答**　4

9. 　**解　説**　the richは「金持ちの人」という意味の普通名詞で複数扱いである。
　　意　味　金持ちはいつも幸福とは限らない。　　**解　答**　2

10. 　**解　説**　関係代名詞のwhatは先行詞を中に含んだ「〜なこと」という意味で、名詞の働きをするし、主語として用いられる。whatには動詞か不完全な文が従う。名詞節を作る接続詞thatは完全な文を従える。
　　意　味　続いて起こった事はなおいっそう悪いことだった。
　　　　　　　　　　　　　　　　　　　　　　　　　　　　　解　答　3

11. 　**解　説**　動詞enableは無生物を主語にし、「無生物＋enable＋人＋to不定詞」の形で「物事のおかげで、人は〜できる」という意味になる。
　　意　味　この仕事のおかげで、私は生計をたてることができた。
　　　　　　　　　　　　　　　　　　　　　　　　　　　　　解　答　1

12. 　**解　説**　形容詞likelyは可能性・確実性に関して話し手の判断を表していて、that節を意味上の主語にする場合と「be likely to＋動詞の原形」の形をとる場合がある。問題文では形式主語のitがあることから、likelyの後にthat節が続く。
　　意　味　彼は今日ここに来そうだ。　　**解　答**　1

4. 目的語

§1. 目的語になりうるもの

> **チェック問題**
> He read (　　).
> 1 in the library several chapters last night
> 2 several chapters in the library last night
> 3 last night in the library several chapters
> 4 last night several chapters in the library

解説 場所や時を表す副詞は他動詞の目的語にならない。また、場所と時の副詞が並列する場合は「動詞＋目的語＋場所の副詞＋時の副詞」の順に置く。

意味 彼は昨夜図書館で二、三章読んだ。

解答 2

　動詞の動作の対象を示す語を目的語という。他動詞の目的語となりうるのは、名詞・代名詞・名詞相当語句がある。
　　Silence often implies consent.（沈黙はしばしば承諾を意味する）
　　I mean what I say.（私は本気で言っているのだ）
　　She hesitated to marry him.（彼女は彼と結婚することをためらった）
　　Her shoes want mending.（彼女の靴は修繕する必要がある）

> **要点**
> ①主語自身が目的語になることがある：She overworked herself.（彼女は働きすぎであった）
> ②動詞と同じ語源、または同じ意味の名詞が目的語になる場合がある：This dog ran a race.（その犬はレースに出たことがある）

§2. 目的語の種類

チェック問題
Mary (　　　) her boyfriend a wrist watch. 1 bought　　2 admitted　　3 mentioned　　4 confessed

解説　(　　)の後ろには「目的語(人)＋目的語(物)」の形がきている。このような形をとる動詞を選択する。

意味　メアリーは男友だちに腕時計を買ってやった。

解答　1

1. 直接目的語と間接目的語

He allows his son ten thousand yen a month.（彼は息子に月1万円支給している）

I gave him a watch.（私は彼に時計をあげた）

要点
①他動詞の中には、「～を」の意味を示す目的語のほかに、「～に」の意味を示す目的語をとる。「～に」にあたる目的語を間接目的語、「～を」にあたる目的語を直接目的語という。
②並べる語順は「動詞＋間接目的語(人)＋直接目的語(物)」である。
③並べる語順が違うと、間接目的語の前にto, for, ofなどの前置詞が必要になる：I gave a watch to him.／That's asking a great deal of me, Mr. Stroup.（私に多くのことを求め過ぎますよ！ストロープさん）
④直接目的語がitの場合は、普通itを間接目的語の前に置く：I gave it to him. または I gave it him. もし、I gave him it. にする場合にはitにアクセントをつけて強調することになる。

| チェック問題 |

 Mr. Brown told an interesting story (　　) Jack.
 1　as   2　of   3　for   4　to

| 解　説 | 動詞tellは「人に～を知らせる」という意味の第四文型をとる動詞である。tellの後に目的語として「人」ではなくan interesting storyがきている。つまり、直接目的語と間接目的語が入れ代わっている。

| 意　味 | ブラウン氏はジャックに面白い話をしてくれた。
| 解　答 | 4

2．間接目的語の書き換え
  直接目的語と間接目的語の順序を書き換えると、間接目的語には前置詞を必要とする。
  She handed Jack the letter.→She handed the letter to Jack.（彼女はジャックにその手紙を渡した）
  I made him a kite.→I made a kite for him.（私は彼にタコを作ってやった）
  He asked me some questions.→He asked some questions of me.
  （彼は私にいくつかの質問をした）

| 要　点 | ①toを必要とする動詞はgive, lend, offer, pay, read, show, send, tell, writeなどである。
②forを必要とする動詞はbuy, choose, cook, find, get, makeなどである。
③ofを必要とする動詞はaskである。
④二つの目的語の語順を変えることができないものがある：
 This car cost me three thousand dollars.（この車は3千ドルした）

4. 目的語／§2. 目的語の種類

> **チェック問題**
> I found (　　).
> 1　easy it to solve this question　　2　to solve this question easy
> 3　it easy to solve this question　　4　easy to solve this question

解説　選択肢から判断すれば、「この問題を解くことは簡単だ」という意味である。主文の動詞foundは他動詞である。to不定詞句は名詞として、動詞foundの目的語にする場合、形式目的語と呼ばれる代名詞itを目的語の位置に添えて、後から実際の意味上の目的語を補うことが多い。

意味　この問題を解くのは簡単だとわかった。

解答　3

3. 形式目的語

他動詞の目的語が長い不定詞句や節などの場合に、形式目的語itを用いて、真の目的語を後へ移すことがある。

Heavy traffic makes it very frustrating to drive in the city.（交通量が多いので、市街地で運転するのはとてもいらいらする）

I think it difficult to speak Latin.（ラテン語を話すことはむずかしいと思う）

I felt it doubtful whether he was faithful.（彼が忠実であるかどうか疑わしいと感じた）

> **要点**
> ①真の目的語としては不定詞句、動名詞句、名詞節である：I call it a silly waste of money buying these poor pictures.（動名詞句）（これらのへたな絵を買うのはばかげた浪費だと思う）
> ②主文の動詞がfeel, find, thinkなどの場合には形式主語itを用いた文に書き換えることができる：I think that it is difficult to speak Latin.／I felt (that) it was doubtful whether he was faithful.

演 習 問 題

次の1から12までの（　）に入れるのに最も適切なものを1, 2, 3, 4の中から一つ選び、番号で答えなさい。

1. I don't know （　　） to us.
    1 whether it is of use or no use
    2 whom it is of use nor no use
    3 when it is of use or no use
    4 whose is of use or no use

2. We （　　） what to do during the vacation.
    1 discuss about　　2 talk　　　　3 discuss　　　　4 speak

3. The heavy rain prevented us from （　　） soccer outside.
    1 playing　　　　2 play　　　　3 to play　　　　4 played

4. When it comes （　　） the guitar, he is next to none.
    1 of playing　　　2 to play　　　3 for playing　　　4 to playing

5. She enjoyed （　　） at everything she did, on her last visit to Hawaii.
    1 to be　　　　2 good　　　　3 her　　　　4 herself

6. This style of dress becomes （　　） very much.
    1 you　　　　2 of you　　　　3 to you　　　　4 with you

48

4. 目的語／演習問題

演習問題のポイントと解説

1. **解説** 動詞knowは他動詞であり、目的語を従える。目的語には名詞の働きをするものがくるから、（　）には名詞の働きをする節が入る。
   意味 それは、私達に役に立つのか、役に立たないのか分からない。
   　　　　　　　　　　　　　　　　　　　　　　解答 1

2. **解説** （　）の後ろに目的語what to doがあることから、他動詞がくる。
   意味 休暇中に何をすべきかということを相談する。　**解答** 3

3. **解説** 前置詞fromの後にはかならず目的語として名詞の働きをするものが続く。不定詞の名詞的用法は前置詞の目的語として用いることができない。
   意味 大雨のために外でサッカーをすることができなかった。
   　　　　　　　　　　　　　　　　　　　　　　解答 1

4. **解説** 「when it comes to＋～ing」は「～することとなれば」という意味であり、toは前置詞なので、その目的語として動名詞がくる。
   意味 ギターを弾くことにかけては彼の右に出る者がいない。
   　　　　　　　　　　　　　　　　　　　　　　解答 4

5. **解説** 動詞enjoyは本来他動詞であり、「～を楽しませる」という意味であるが、再帰代名詞を目的語に従えると「楽しい思いをする」（＝have a good time）の意味になる。
   意味 この前ハワイを訪れた時、彼女は何をしても楽しかった。
   　　　　　　　　　　　　　　　　　　　　　　解答 4

6. **解説** 選択肢から判断できるように、動詞becomeは他動詞で「似合う」という意味であり、前置詞は不要である。
   意味 このスタイルの服はあなたによく似合う。　**解答** 1

演 習 問 題

7. The policeman （　　） a few questions of me.
　　1 told　　　　　2 asked　　　　3 explained　　　4 helped

8. He （　　） you more than his brother.
　　1 resembles to　　　　　　2 resembles of
　　3 resembles　　　　　　　4 is resembled to

9. Why did you （　　） school yesterday?
　　1 absent from　　　　　　2 absent
　　3 absent yourself from　　　4 absent you on

10. I saw Betty standing there （　　） her hair waving.
　　1 with　　　　　2 at　　　　3 on　　　　4 by

11. This is the house （　　）.
　　1 that I was born　　　　　2 in which I was born
　　3 in that I was born　　　　4 which I was born

12. She considered （　　） with it.
　　1 what to do　　　　　　　2 to do
　　3 what does she do　　　　4 what her doing

演習問題のポイントと解説

7. **解説** （　）の後に名詞a few questionsが続いていることで、（　）には他動詞が入る。したがって、「動詞＋目的語＋of＋名詞」の形の中の動詞はaskしかない。

   意味 警察官は私に二、三の質問をした。　　**解答** 2

8. **解説** resembleは他動詞で、すぐ後に目的語を従える。日本語の「〜に似ている」に惑わされないようにすること。

   意味 彼は自分の弟よりもあなたにとても似ている。　**解答** 3

9. **解説** 動詞absentは他動詞であり、目的語としてoneselfを従えて、それ以外の目的語を従えない。

   意味 昨日どうして学校を休んだのですか。　　**解答** 3

10. **解説** her hair wavingは「彼女の髪が風になびいて」であって、Bettyが立っている時の状態を述べている。このように、主語Bettyの付帯的状態を述べる場合は、withで導かれる「with＋目的語＋分詞」の形をとる。

    意味 ベティが髪を風になびかせてそこに立っているのを見た。

    解答 1

11. **解説** 選択肢から、「私が生まれた家」という意味がとれる。thatもwhichも関係代名詞であって、それらの先行詞はどれもhouseである。そのうち、1のthat節に場所を表す前置詞がないし、3では、thatのときは前置詞を前に置かない。4では、which節の文に前置詞がない。2が正答となり、which以下が前置詞の目的語になっている。

    意味 ここが私が生まれた家です。　　**解答** 2

12. **解説** （　）の前のconsiderは他動詞なので（　）以下が目的語として働くのではないかと考える。what to doなどの「疑問詞＋to不定詞」が名詞の働きをすることを知っていれば正答できる。

    意味 彼女はどうすればよいのか考えた。　　**解答** 1

5. 時制

§1. 単純現在時制

チェック問題

Excuse me. What time (　　　) the train leave tomorrow?
1 do　　2 does　　3 will　　4 would

解説 列車の時刻表や映画館の上映時間など、時刻表通りに営まれる場合には未来形ではなく、現在形が用いられる。

意味 すみません。明日、何時にその列車は発車しますか。

解答 2

1. 時制の一致に従う場合
   文が従属節を伴う場合に通常では時制は主節と一致する：This trip is planned carefully so that you can enjoy a lot. (この旅行は多くを楽しめるように、きめ細かに計画されている)

2. 時制の一致に従わない場合
   (A) 一般的事実や不変の真理を表す場合
       この場合には主節の動詞が過去形でも、時制の一致に従わない：Our teacher told us that the earth goes around the sun.
   (B) 習慣的行為
       現在の習慣的行為や反復的な動作を表す：I get up at 7 o'clock to go to university every morning.

要点
①未来時制の代用として、時・条件を表す副詞節（when, before, till, as soon as, ifなど）の中では単純未来の代わりに現在形を用いる：I'll call you when I arrive at the station.
②客観的事実にかかわる事柄を示す場合は現在形を用いる：If it rains [×will rain] tomorrow, we won't go to sea.

§2. 単純過去時制

> **チェック問題**
> When (　　) you read the book?
> 1 have　　2 have been　　3 will have　　4 did

解説 Whenは完了を表す現在完了といっしょには用いないので注意しよう。(　　)には過去形が用いられる。
意味 あなたはいつその本を読み終えましたか。
解答 4

1. 歴史上の事実は過去形

過去の事実のため、従属節の動詞は過去完了にならない：Our teacher told us that Columbus discovered America in 1492. （先生は私達にコロンブスは1492年にアメリカを発見したと教えてくれた）／I learned that World War Ⅱ broke out in 1939. （私は第二次世界大戦が1939年に勃発したと教わった）

2. 従属節中の過去

主節の動詞が過去形であれば、意味内容にもよるが、従属節の動詞も時制の一致で過去になる：She said that she knew him well.／She waited for him until he arrived. （彼女は彼が到着するまで彼を待っていた）

> **要点**
> 明らかに過去を示す副詞(句)、たとえば yesterday, ago, last year, when, just now などは現在完了といっしょに用いられず、過去形を用いる：She started [×has started] just now.／Bill saw the statue when he visited the British Museum. （ビルは大英博物館を訪れた時その彫刻を見た）／I happened to see her in the library a few days ago. （私はたまたま2、3日前に図書館で彼女を見かけた）／I went to the movies three time last week. （私は先週3回映画を見に行った）

§3. 単純未来時制

> **チェック問題**
> You (　　) have a bicycle for your birthday.
> 1 shall　　2 should　　3 will　　4 would

解説 話し手の意志を表すのでshallを選択する。(＝I will give you a bicycle for your birthday.)
意味 誕生日には君に自転車をあげよう。
解答 1

1. **単純未来と意志未来**

    単純未来は未来(現在)の予定や推定に用いられる。どの人称にもwillが用いられるが、I [we] shall も用いられる。また意志未来には、話し手、対話の相手、そして主語の意志がある。単純未来：It will be fine tomorrow. 意志未来：I will do it myself.（私は自分でそれをやります）
    [→助動詞の項を参照]

2. **be going to による予定と意図**

    確実性の高い未来の予定：It's going to rain.（雨が降り出しそうだ）
    意図（～するつもりだ）：I'm going to sell my house and buy a larger one.（今の家を売ってもっと大きいのを買うつもりだ）

> **要点**
> ①意志未来のすべての人称にwillを用いるが、相手の意志をたずねる場合には、Shall I [he], Will youを用いる：Shall I open the window?（私が窓を開けましょうか）Will you tell me the way to the station?（駅へ行く道を教えて下さい）
> ②話し手の意志を表すときには、you [he] shallを用いる：She shall [×will] come to meet them at the airport.（＝I will make her come to meet them at the airport.）（彼らを迎えに彼女を空港にやりましょう）

§4. 完了形

> **チェック問題**
> Can you let me know as soon as you (　　　)?
> 1　have decided　　　　2　have been decided
> 3　will decide　　　　　4　will have decided

解説　as soon asは時を表す副詞節なので、未来完了形の代わりに現在完了形を用いる。

意味　決まりしだい私に知らせてください。

解答　1

　現在、過去及び未来のそれぞれの時点を基準にして、「have＋過去分詞」、「had＋過去分詞」、そして「will have＋過去分詞」は①完了、②結果、③経験、④継続の4つの意味を表す。

> **要点**
> ①完了・結果の意味で用いる場合には just, now, today, already, lately, recentlyなどの副詞を伴う：I have just finished my homework.（私はちょうど宿題をやり終えたところだ）
> ②現在までの経験を表す現在完了の場合には、ever, never, once, oftenなどを伴う場合が多い：Have you ever been to Australia?（オーストラリアへ行ったことがありますか）
> ③継続を表す場合には期間を表すforやsince等とともに用いる：They have been married for ten years.（彼らは結婚して10年になる）
> ④時と条件を表す副詞節の場合には、未来完了の代わりに現在完了を用いる：I'll lend you this book when I have finished [×will have finished] reading it.（この本を読み終えたら、あなたにお貸ししましょう）

§5. 進行形

チェック問題
This book (　　　) the National Diet Library.
1　belongs　　　　　2　belongs to
3　is belonging　　　4　is belonging to

解説　belongは「～の持ちものである」という意味の状態動詞なので、進行形にはならない。

意味　この本は国会図書館のものです。

解答　2

1. **進行中の動作や行為**
　　動作や行為がまだ完了せずに途中であることを表す：She called me while I was taking a shower.

2. **一時的な行為**
　　行為や状態が一時的であることを表す：I'm living in this city.（目下のところ当市に住んでいる）／He is being a fool.（彼は愚かなふりをしている）

3. **近接未来**
　　まぢかに迫った未来を表す：I'm leaving for Australia tomorrow.（明日、オーストラリアへ出発する）

要点
状態動詞は進行形にならない
状態動詞のlike, love, hate, believe, know, remember, think, belong to, consist of, own, resembleなどは進行形にならない：She resembles [×is resembling] her mother.／Water consists [×is consisting] of hydrogen and oxygen.（水は水素と酸素から成る）

§6. 完了進行形

> **チェック問題**
> They (　　) for half an hour when it started to rain.
> 1　are playing　　　　2　were playing
> 3　have been playing　4　had been playing

解説　「雨が降り始めた時」を基準にして、それまでに「30分間遊んでいた」のだから過去完了進行形を選ぶ。

意味　雨が降り始めた時、彼らはすでに30分間遊んでいた。

解答　4

1．現在完了進行形

　過去のあるときに始まった動作が現在まで継続していることを表す。その動作が今後も続くこともあれば、現在より少し前に終わったことを表す場合もある：They have been waiting to see him since nine o'clock. (彼らは彼に会うために9時からずっと待っています)／They are out of breath. They have been running. (彼らは息切れしている。彼らはそれまで走り続けていた)

2．過去完了進行形

　上で述べた現在完了進行形を過去にした形と考える：They were tired because they had been working very hard. (彼らは一所懸命に働き続けたのでつかれた)

> **要点**　現在完了と現在完了進行形の違い
> ①現在完了は現在までの「動作の完了」を表し、現在完了進行形は現在までの「動作の継続」を表す。
> ②「動作の継続」を表す場合、両者にはほとんど違いがない：
> 　We have lived [have been living] in London for eight years.
> 　(私達は8年間ロンドンに住んでいる)

演習問題

次の **1** から **12** までの（　　）に入れるのに最も適切なものを 1, 2, 3, 4 の中から一つ選び、番号で答えなさい。

1. Franklin was aware that light （　　） faster than sound.
　　1 traveled　　　2 travels　　　3 will travel　　　4 is traveling

2. Did you know swallows （　　） to Japan in April?
　　1 migrated　　　　　　　　2 migrate
　　3 are migrating　　　　　　4 were migrating

3. I （　　） the book you lent me but I haven't finished it yet.
　　1 read　　　　　　　　2 have read
　　3 am reading　　　　　4 have been reading

4. My father （　　） only on water when the search party found him.
　　1 was living　　　　　　2 had lived
　　3 had been living　　　 4 have been living

5. At five o'clock, I （　　） the book for ten hours.
　　1 am reading　　　　　2 have read
　　3 will have read　　　　4 will have been reading

6. The rumor that all were saved （　　） to be true.
　　1 proves　　　2 has proved　　　3 proved　　　4 had proved

58

演習問題のポイントと解説

1. **解説** 主節の動詞は過去になっているが、従節の内容が「光が音より早い」という「不変の真理」を表している場合には、時制の一致の適用は受けない。
   意味 フランクリンは光が音より速いことを知っていた。　**解答** 2

2. **解説** 現在の習慣や特性を表す場合、ここでは「ツバメが4月に日本に渡って来る」において、時制の一致の適用は受けない。
   意味 ツバメが4月に日本に渡ってくるのを知っていましたか。
   　　　　　　　　　　　　　　　　　　　　　　　　　　解答 2

3. **解説** 本を借してもらってから現在もまだその本を読み続けている。「過去→現在→未来」と動作が継続しているため、現在完了進行形を用いる。
   意味 あなたが私に借してくれた本を読んでいますがまだ読み終わっていません。　**解答** 4

4. **解説** 「捜索隊に見つかるまで」の過去のある時点までの継続を意味している。ここでは過去完了進行形が用いられる。
   意味 捜索隊に見つかるまで父は水だけで生きていた。　**解答** 3

5. **解説** これから先の「5時(まで)で」というのは、未来のある時点までの継続を意味している。したがってこの文の時制は未来完了進行形になる。
   意味 5時で、10時間ずっと本を読み続けたことになる。　**解答** 4

6. **解説** 「全員が救助された」のは過去で、この過去を起点にして「〜であることがわかった」のは現在である。したがって過去から現在までを表すには現在完了になる。
   意味 全員が救助されたとの噂は本当であることがわかった。
   　　　　　　　　　　　　　　　　　　　　　　　　　　解答 2

演 習 問 題

7. When their first child was born, they (　　) for three years.
   1 married   2 were married
   3 had married   4 had been married

8. If you (　　) with that book, give it back to me.
   1 finish   2 finished
   3 have finished   4 will finish

9. She will let us know when the boat (　　).
   1 will arrive   2 arrives
   3 have arrived   4 will have arrived

10. You may go to the movies when you (　　) your homework.
    1 will have finished   2 will finish
    3 finish   4 have finished

11. We'll meet you tomorrow after you (　　) your work.
    1 do   2 have done
    3 will do   4 will have done

12. Scarcely (　　) the house when it began to rain.
    1 we left   2 had we left
    3 have we left   4 we were leaving

演習問題のポイントと解説

7. **解説** 「最初の子が生まれた時」というのは過去であって、これを起点にして過去のある時点までの状態(動作)の完了は過去完了で表す。
   意味 彼らの最初の子が生まれた時、彼らは結婚して3年になっていた。
   解答 4

8. **解説** 条件を表す副詞節の中の未来完了は現在完了で代用するのが原則。したがって、[×If you will have finished～]とはならない。
   意味 あなたがその本を読み終わったら、私に返して下さい。
   解答 3

9. **解説** whenで続く節がknowの目的語になっており、目的語になれるのは名詞であるため、名詞節の場合には未来時制を用いる。
   意味 彼女はいつ船が着くか知らせてくれるでしょう。
   解答 1

10. **解説** 時を表す副詞節の場合には現在時制で代用する。ここでは未来完了は現在完了で代用する。[×when you will have finished～]にはならない。
    意味 あなたは宿題がすんだら映画に行ってもいいよ。
    解答 4

11. **解説** 「明日あなたが仕事を終えたあと」は未来完了であるけれども、afterは時を表す副詞節を導いているので現在完了を用いる。
    意味 明日あなたが仕事を終えたあとでお会いしましょう。
    解答 2

12. **解説** 「Scarcely (Hardly) had＋主語＋過去分詞 ～ when...」は「～するとすぐに...をした」の意味。ここでは副詞が文頭に来て倒置になっている点に注意。
    意味 家を出るとすぐに雨が降り出した。
    解答 2

6. 助動詞

§1. 助動詞

> **チェック問題**
> How many English lessons (　　　) you have a week?
> 1. do　　2. are　　3. does　　4. is

解説 疑問形を作るには助動詞 do を借りなければならない。主語が二人称なので does を用いることができない。

意味 あなた(がた)は一週に何回英語の授業がありますか。

解答 1

疑問形や否定形を作ったりするときに、動詞を助けたり、時制・法・態の形を作る助動詞がある。do, be, have がこれにあたる。

1. do

一般に do は、疑問文や否定文を作るために用いられる。

Which do you want, an apple or a grape? (りんごとぶどうとどちらが欲しいですか)

You did not have to tell me where you were. (あなたはどこにいるかを私に話す必要がなかった)

> **要点**
> ①一般動詞の疑問文を作るには助動詞 do を借りて、「Do [Does, Did]＋主語＋動詞」の語順にする。
> ②一般動詞の否定文は do [does] not を主語と動詞の間に置く。
> ③時制以外に数や人称による変化がある：Do you learn French?(二人称)／Does she go to church?(三人称)
> ④文中の動詞を強調する場合に用いる：Please do come and speak to us. (どうぞ私達の所へ話に来て下さい)
> ⑤語順が転倒した場合に用いる：Not only did I go to London but also I visited Paris.

> **チェック問題**
> (　　) to the bus terminal when I saw you yesterday?
> 1 Are you going　　　　2 Have you been going
> 3 Were you going　　　 4 Do you go

解説 過去に焦点を合わせていることに注意すること。「私が見た」のは過去の一時点であるので、選択肢の中から過去進行形を選ぶ。

意味 私があなたを昨日見た時、あなたはバスターミナルに向かっていましたか。

解答 3

2．be

進行形と受動態［→受動態の項を参照］を作るために用いられ、動詞句を形成する。

It was raining hard when I started.（私が出かけたとき、雨が激しく降っていた）

She is going back to France in May.（彼女は五月にフランスへ帰ります）

He was sitting with his arms folded.（彼は腕組みをして座っていた）

> **要点**
> ①時制・数・人称による変化がある。
> ②比較的短い期間に起こった出来事を述べている：Betty lives in Osaka.と現在形にすると、「ずっと以前から住んでいてこれからも大阪に住む」ということを示しているが、Betty is living in Osaka.と進行形にすると「大阪は一時的な住まい」ということを示している。
> ③出来事はまだ終了していない場合にも用いられる：Betty read a book.では「本を読み終えた」ことになり、Betty is reading a book.では「まだ本を読んでいる途中である」ということである。

> **チェック問題**
> I (　　　) you since our graduation.
> 1. haven't seen　　　　2. doesn't see
> 3. haven't seeing　　　4. am not see

解説 過去の出来事を述べながら、今そう言った経験を持っているということで、現在に焦点を合わせている。過去形を使った場合と比べて身近さを感じる。

意味 私は卒業してからずっとあなたに会っていません。

解答 1

3. have

　　助動詞としての have は過去分詞を添えて完了時制を作るために用いられる。[→時制の項を参照]

300 have died of AID.（300人がすでにエイズで死亡している）
We had been waiting for 30 minutes when she showed up.（彼女があらわれるまで、私たちは30分も待っていた）
I'll have been in Tokyo for eight years this spring.（私はこの春で東京に8年住んでいることになる）

> **要点**
> ①現在完了は過去の出来事を述べながら、現在について語る形である。
> ②現在完了をその基準となる点を過去に平行移動したものが過去完了であり、未来に平行移動したものが未来完了である。

§2. 法助動詞

> **チェック問題**
> This hall (　　　) seat six hundred.
> 1 has　　　2 need　　　3 will　　　4 should

解説 問題文の主語は無生物であるので、正答は「可能」・「能力」などを表すwillで、seatやholdと共に用いられることが多い。
意味 このホールには600人収容できる。
解答 3

　動詞を助けて、動詞の表す意味に習慣・推量・意志などの味付けをするのが法助動詞である。通常will, shall, can, may, ought to, need, dareなどを法助動詞という。

1. willとwould
　　未来、意志、習慣、推量などを表す。
Tour operators say koala lovers will seek their forbidden pleasures in neighboring Queensland. (観光業者は、コアラを好きな人は禁じられた楽しみを求めてとなりのクイーンズランド州に行くことになるだろうと報じている)
I will be sixty next month. (私は来月で60歳になります)
I'll send the photos to you soon. (あなたにすぐ写真をお送りします)
Accidents will happen. (事故というのは起こるものだ)
This will be your pen. (これはあなたのペンでしょう)
Will you pass me the salt, please? (塩をとってくれませんか)

> **要点**
> ①単純未来としてはどの人称の主語が来てもwillを用いる。
> ②二人称を主語とする疑問文・命令文におけるwillは依頼を表す。口語では、依頼の意味の場合に、丁寧な形としてwillの代わりにwouldを用いる：Would you pass me the salt, please?

> **チェック問題**
>
> If you were right, I (　　) wrong.
> 1. would be　　2. was　　3. were　　4. would have been

解説 If節の中でwereを用いると、話し手が相手に対して、You are not right. というように、叙述の内容が事実に反しているということを含んでいることになる。このような場合、主節の述語動詞には仮定法の形を用いる。

意味 あなたが正しいなら、私が間違っていることになるであろう。

解答 1

I would cycle to school on fine days.（私は晴天の日には自転車で学校に通学したものだ）
Mary offered Jack money, but he would not accept it.（メアリーはジャックにお金を差し出したが、彼は受け取ろうとしなかった）
That will do.（それで間に合うでしょう）

> **要点**
>
> ①would ratherで願望を表す：He would rather die than have his honor stained.（彼は自分の名誉を汚されるよりも、むしろ死にたいと思っている）
> ②現在に関する事柄を過去時制で述べることがある：If she had money, she would buy this car.（もし、彼女にお金があったら、この車を買うでしょう）
> ③実現しなかった過去の動作を述べる場合はwillの代わりにwouldを用い、仮定法過去完了の形にする：If I had not been ill, I would have tried.（もし私が病気でなかったなら、試みただろうに）

> **チェック問題**
> What (　　) I say when Mary comes to see you?
> 1 should　　2 will　　3 would　　4 shall

解説 一人称の主語が相手の意向を聞く場合はwillではない。
意味 メアリーが来たら何て言えばいいの。
解答 4

2. shall と should

未来、意志、義務、見込みを表す。
I shall be late for school.（学校に遅れるだろう）
I asked her if I should see him the following Monday.（彼に次の月曜日に会えるかどうか尋ねた）
You should obey your parents.（あなたは両親に従うべきだ）
The concert should be great fun.（このコンサートは非常におもしろいはずだが）
I suggested that we (should) take the night train.（夜行列車に乗ったらどうかと、提案した）

> **要点**
> ①一人称を主語として単純未来を表す。shallの過去形はshouldである。
> ②二人称・三人称を主語として話し手の意志を表す：You shall hear from me constantly. ゆえに、一人称を主語にして、I will let you hear from me constantly. と書き換えることができる。
> ③あらたまった指示を表す場合にshallを用いる：All pupils shall go to school regularly.（生徒はみんなきちんと学校に行かなければならない）
> ④相手の意志を問う場合は、一人称・三人称を主語とする疑問文の中で用いられる：Shall I get you some more coffee?（もう少しコーヒーを持ってきましょうか）

⑤shouldはshallの過去形であるが、義務の shouldはought to と同じように用いられる。

⑥見込みのshouldはmustより確実性が低い場合に用いられる：The concert should be great fun.＝The concert probably is great fun, but I'm not certain./ The concert must be great fun.＝I'm certain that the concert is great fun.(コンサートは非常におもしろいにちがいない)

⑦提案・命令・要求などの内容を持つthatの名詞節の中ではshouldが用いられる。ただし、アメリカ英語では、shouldは省かれる傾向にある。shouldが省かれても、それに続く動詞は人称や時制にかかわらず原形のまま用いられる。

⑧口語では、丁寧な表現としてshallの代わりにshouldが用いられる：I should think so.（そうかと存じます）

⑨仮定法現在の代用としてありそうもない未来を表すために用いられる：If it should rain tomorrow, they would not go on a picnic to the beach.（万一明日雨が降るならば、彼らは浜辺へピクニックに行かないであろう）

⑩仮定法過去完了としても用いられる：If I had worked so hard, I should have died.（もしそんなに一生懸命に勉強したら、私は死んでしまったでしょう）

⑪疑問詞で始まる疑問文の中で、驚き・不可解・不審の意味としてshouldが用いられる：Why in the world should I do so?（いったいどうして私がそうしなければならないのだろう）

⑫話し手が事実を感情的に述べる主観的表現としてshouldが用いられる：I am surprised that she should have succeeded.（彼女が成功したとは驚いた）

> **チェック問題**
> (　　　) you go away and leave me alone?──No, you cannot.
> 1 Did　　　2 Have　　　3 Can　　　4 Would

解説　「おいてけぼりにする」という行為の可能性について言及している。したがって、「おいてけぼりにする」という行為が主語の能力とは無関係で、「～はありうるだろうか」という可能性に関する強い疑問を表している。

意味　あなたは本当に私をおいてけぼりにできるか。──ありえない。

解答　3

3．can

(A)「能力」を表す
I can finish this kind of job in an hour.（一時間でこの種の仕事を終えることができる）
Can you ride a bicycle?（自転車に乗れますか）
Jim can't spell very well.（ジムは文字を書くのがあまりよくできない）

(B)「可能」を表す［→mayの項と比較参照］
Can such things be possible?（そのようなことは可能なのだろうか）
He cannot have written it himself.（彼はそれを自分で書いたはずがない）

> **要点**
> ①「可能」を表すcanは疑問文に用いて、疑問の意味を強める。
> ②否定文に用いると、「～のはずがない」という意味になる。
> ③「can＋have＋過去分詞」の形は過去の事に対する不審や推量を表す。
> ④いろいろな知識や情報から「～という可能性がある」と一般的なことを述べる場合に用いられる：Our firm's finances can be improved.＝It is possible to improve our firm's finances.（私達の会社の財政状態を改善することは可能である）

| チェック問題 |

You ( ) play the piano, as your sister is ill in bed.
1 need't　　2 can't　　3 used not to　　4 couldn't

| 解説 | can以外のものがすべて意味上、結びつかない。許可を得る時に、mayではあまり丁重すぎるような場合にcanを用いる。

| 意味 | 妹が病気だからピアノをひいてはいけません。

| 解答 | 2

(C)「許可」を表す

You can use my car any time you want to.（必要ならばいつでも私の車を使ってもよい）

"Can I go camping with my girlfriend, Mum?"（「ガールフレンドとキャンプに行っていい、ママ」）

"Could I see your passport, please?"（「パスポートを拝見させてください」）

| 要点 |

①許可を表すcan以外にmay, could, mightがあるが、canはもっともくだけた表現である。

②canには「やろうと思えばできる」の意味が含まれている。ゆえに「許可」は「できる」を補足する役目をしているだけである。

③許可された過去の事柄についてはmayでなく、canを用いる：
Why can Mary go home and do I have to stay?（どうしてメアリーは家に帰ってよくて、私は残らなければいけないの）

④couldは過去を表しているのではなく、canよりも丁寧な表現である。

⑤許可を表すcanの代用形は「be allowed to」である：She can [is allowed to] stay up till eleven.（彼女は11時まで起きていてもよい）

> **チェック問題**
> (　　) I trouble you for the shoehorn?
> 1 Have　　2 May　　3 Need　　4 Ought to

解説 意味から判断して、「許可」をもとめる助動詞を選ぶ。
意味 その靴べらをとっていただけますか。
解答 2

4．may と might

may は現在形であり、might はその過去形である。

(A)「許可」を表す

I want to see my baby. May I see her?（私の赤ちゃんに会いたい。会ってもいいですか）

Might I smoke here?（ここでタバコを吸ってもかまいませんか）

> **要点**
> ①口語では、may よりも can が用いられる。
> ②may の方が can よりも形式ばった言い方で、can よりも丁寧な表現である。最も丁寧な表現としては might が用いられる：
> May I help you?（何かご用はございませんか）／Can I help you?（何かご用はありませんか）
> ③May I ～?に対する肯定の答え方は、Yes, you may ～よりも Of course, Sure, Why not などが用いられる。
> ④否定形において、not が may を否定する場合と not が動詞を否定する場合がある：You may not go.（行ってはいけない）／You may not go.（行かなくてもよい）

> **チェック問題**
> I (　　) be able to do that for you, but I'm not sure.
> 1 have　　　2 may　　　3 need　　　4 ought to

解説 意味から判断して、「推量」を表す助動詞を選ぶ。
意味 それをあなたにしてあげられるかもしれないが、確かなことではない。
解答 2

(B) 「可能・推量」を表す ［→canの項と比較参照］
She may lend him some money.（彼女は彼にお金を貸してあげられるかも知れない）
She may have lent him a large sum of money.（彼女は彼に多額のお金を貸したかもしれない）
He might have been in time.（彼は間に合っていたはずなんだけどなあ）

要点
①「可能・推量」を表すmayを含む文を疑問文にする時は、canやbe likely toなどを用いる：Can it be July?（本当に7月なのかしら）／Is it likely to snow?（雪は降りそうですか）
②過去の事柄や現在完了で表す事柄についての可能性を表す場合は、「may have＋過去分詞」の形で表現する。
③mayは実際に可能であるという場合に用いられる。つまり、現在の状況では実際どのようになっているのか、そして今後どうなっていくのか、現時点でよくわからない場合である：Our country's finances may be improved.＝It is possible that our country's finances are improved.（我が国の財政状態は改善されるかもしれない。改善される可能性がある）
④過去の事柄や現在完了で表す事柄についてより可能性が低い場合は、「might have＋過去分詞」の形で表現する。

> **チェック問題**
> "Why didn't you come to class yesterday?"
> "I (   ) go to see a doctor."
> 1 ought to　　　2 must　　　3 shall　　　4 had to

解説　yesterdayは過去を表すのでought to, shall, mustは用いられない。
意味　「なぜあなたは昨日授業にこなかったの。」
　　　　「医者に診てもらいに(病院に)行かなければならなかったから。」
解答　4

5．must
　(A)「義務・命令」を表す
　　　強い感情、命令、義務を表し、話し手の主観を示す。これに対してhave toは周囲の状況による義務を表す。
　　You must get up much earlier.（あなたはもっと早く起床しなければならない）
　　I must stay in bed today.（今日は寝ていなければならない）

> **要点**
> ①mustには過去・未来・完了がないので、have [has] toを代用する：He had to go by bus to the office because his car wouldn't start.（車が動かなかったので、会社へバスで行かなければならなかった）
> ②義務のmustの否定形はneedn'tやdo [does] not have toで表現する：You don't have to go home.（あなたは家に帰る必要はありません）＝You can go home if you like, but it's not necessary. 一方、must notは強い「禁止」を表す：You mustn't go home.（あなたは家に帰ってはいけない）
> ③過去形の本動詞に続く従属節の中では、mustは過去形としてそのまま用いられる：He said he must be back by six.（彼は6時までに帰らなければならないと言った）
> ④未来を表現するにはwill have toで表す。

> **チェック問題**
>
> If he had looked, he (　　) the light of the approaching train.
> 1 shall see　　　　　　2 must have seen
> 3 ought to have seen　　4 will see

解説　「must＋have＋過去分詞」は「〜したに相違ない」という意味で、過去に焦点をあわせた「推量」を表す。また、「ought to＋have＋過去分詞」の形は「〜すべきだったのに」という意味の過去における実現しなかった行為を表す。

意味　もし彼が見ていたなら、その近づく列車のあかりが見えたに違いない。

解答　2

(B)「断定・推量」を表す

He must dislike her way of speaking.（彼は彼女の話し方が嫌いにちがいない）

She must have been a great disappointment to him.（彼女は彼にとって大きな失望だったにちがいない）

My mother must be sleeping.（私の母は眠っているにちがいない）

> **要点**
>
> ①上記のmustの代用としてhave toを用いることはできない。
> ②過去の事柄や現在完了で表現する事柄に対する推量は「must have ＋過去分詞」の形で用いられる。
> ③上記のmustは疑問文に用いられない。
> ④前提となる根拠があって、はじめて「〜に違いない」の意味になる。つまり、根拠があればmayよりもmustを用いる。上例の「〜must be sleeping」は今までの経験の上でという根拠がある。
> ⑤mustの否定形はcannotかcan'tである。

> **チェック問題**
> He (　　　) go if he doesn't want to.
> 1 doesn't need　　　　2 need not
> 3 need not to　　　　4 need to not

解説 needは本来、動詞であるが、現在時制の否定文や疑問文では助動詞として用いられる。助動詞としてのneedは動詞の原形を従えるし、否定では「need not＋動詞の原形」の形になる。

意味 行きたくないのなら彼は行かなくていい。

解答 2

6. needとdare

You need not swim if you don't want to.（泳ぎたくないのならあなたは泳がなくていい）

Need I stay any longer?（これ以上泊まる必要がありますか）

You need not have gotten up so early.（そんなに早く起きなくてもよかったのに）

She dared not raise her eyes to his any more.（彼女はこれ以上彼の目を見上げなかった）

Dare you tell her the truth?（思いきって彼女に真実を告げますか）

要点
①needもdareも疑問文と否定文に用いられる。
②否定文のneed not, dare notでは、He needs [dares] not doとかHe need [dare] not to doとはいえない。
③過去の事柄についての推量をするには「need not have＋過去分詞」を用いる。

演 習 問 題

次の**1**から**12**までの（　　）に入れるのに最も適切なものを1, 2, 3, 4の中から一つ選び、番号で答えなさい。

1. To stay alive, people （　　） breathe oxygen.
   1 have to　　　2 don't have to　　3 must not　　4 need

2. He （　　） at nine, but didn't show up.
   1 should arrive　　　　　　　2 should have arrived
   3 shall arrive　　　　　　　　4 could arrive

3. When I was a high school student, I （　　） wear a uniform every day.
   1 could　　　2 have to　　　3 can　　　4 had to

4. "I'm just going out to the bookstore."
   "What （　　） I say when Mary comes to see you."
   1 do　　　2 shall　　　3 may　　　4 dare

5. Turn off the lights when you （　　） the room.
   1 will leave　　2 left　　3 leave　　4 will have left

6. According to the TV weather forecast, it （　　） rain this evening.
   1 is able to　　2 may　　3 need to　　4 ought

演習問題のポイントと解説

1. **解説** 「〜しなければならない」という「義務」を表す助動詞はhave toである。
   意味 人は生きるために、酸素を吸わなければならない。　**解答** 1

2. **解説** 起こるべきことが起こらなかったという場合について述べる時は、「should＋動詞の原形」ではなく、「should＋現在完了形」の形で表す。
   意味 彼は9時に着くはずが、現われなかった。　**解答** 2

3. **解説** 文の前半が「私が高校生であったとき」というのだから、後半の部分は「〜しなければならなかった」となるのが意味上結びつく。「義務」を表すのにはhad toを用いなければならない。
   意味 高校時代には、私は毎日制服を着なければならなかった。
   　解答 4

4. **解説** 一人称の主語が相手の意向を聞く文の場合はwillではなく、shallを用いる。
   意味 「本屋まで行ってくるよ」
   「メアリーがあなたに会いに来たら何て言えばいいの」
   　解答 2

5. **解説** 「部屋を出る」行為は未来のことであるからと判断して、will leaveと安易に考えてはいけない。英語には「時や条件を表す副詞節の中では、未来の出来事を表すのに現在形で代用する」という規則がある。
   意味 部屋を出る時は明かりを消しなさい。　**解答** 3

6. **解説** 実際に起きる可能性があることを述べる場合には、may, might, couldを用いる。might, couldはmayと比べて、可能性が少ないことを示す。
   意味 テレビの天気予報によれば、今晩は雨になるだろう。
   　解答 2

演習問題

7. The western sky is light. It （　　） be fine tomorrow.
　　1 ought to　　　2 have　　　　3 used to　　　4 can

8. By the time he （　　）, she will already have left.
　　1 come　　　　2 had come　　　3 will come　　　4 comes

9. We （　　） last night, but we went to the party instead.
　　1 might study　　　　　　　　2 should study
　　3 should have studied　　　　4 would study

10. You ought （　　） your parents but you didn't.
　　1 have obey　　2 obey　　　3 to have obey　　4 to obey

11. When he came to Japan, he assumed that he （　　） pick up Japanese in a few months.
　　1 would　　　　2 will　　　　3 shall　　　　4 needed

12. If the sun （　　） rise in the west, I would not change my mind.
　　1 will　　　　2 should　　　　3 be　　　　4 had

6. 助動詞／演習問題

問題のポイントと解説

7. 　解　説　「当然〜に決まっている」という意味の場合はought toかshouldを用いる
　　　意　味　西の空が明るい。明日はよい天気に決まっている。　解　答　1

8. 　解　説　時を表す副詞節の中では、現在形で未来形を代用する。
　　　意　味　彼がやってくる頃には、彼女はすでに出発しているだろう。
　　　　　　　　　　　　　　　　　　　　　　　　　　　　　　　解　答　4

9. 　解　説　過去の出来事に対する後悔の表現を表す場合は「should＋have＋過去分詞」を用いて、「(過去において)〜すべきだったのに(〜しなかった)」という意味になる。
　　　意　味　私達は昨夜勉強すべきだったのに、パーティに行った。
　　　　　　　　　　　　　　　　　　　　　　　　　　　　　　　解　答　3

10. 　解　説　oughtは「to＋動詞の原形」を続ける助動詞であり、but you didn'tでわかるように、過去を基準にしてそれ以前の行為を表しているので、「ought to have ＋過去分詞」の形を用いる。
　　　意　味　あなたは両親に従うべきだったのに、従わなかった。
　　　　　　　　　　　　　　　　　　　　　　　　　　　　　　　解　答　3

11. 　解　説　伝達動詞assumeが過去の場合には、時制の一致によってthat節の中の助動詞は過去形になる。
　　　意　味　日本に来た時、彼は数カ月で日本語を身につけられると思った。　　　　　　　　　　　　　　　　　　　　　　　　　　解　答　1

12. 　解　説　ほとんど実現不可能な未来の仮定を表す場合はshouldを用いる。
　　　意　味　万一太陽が西から昇ったとしても、私の気持ちは変わらないだろう。　　　　　　　　　　　　　　　　　　　　　　　　　解　答　2

7. 受動態

§1. 態の転換

> **チェック問題**
>
> In the United States, elections for President (　　　) every four years.
> 1 hold　　　2 held　　　3 are holding　　　4 are held

解　説　electionsが主語になっているので、「行われる」の意味の受動態are heldを選択する。

意　味　アメリカ合衆国では大統領選挙が4年ごとに行われる。

解　答　4

「be動詞＋過去分詞」の形を受動態という。この受動態に対して、もとの文を能動態という。受動態は文末に「by＋動作主」を伴うが、動作主に人称代名詞（him, themなど）が来る場合、通常省略される。

> **要　点**
>
> ①受動態は元の文（能動態の文）の「主語＋動詞＋目的語」の目的語を主語に移して意図的に作った文である。
>
> ②もとの能動態の文の主語は、受動態の文の最後の「by＋動作主」の位置に置かれる。
>
> 　能動文：Columbus discovered America.
> 　受動文：America was discovered by Columbus.
>
> ③二重目的語の場合には、どちらの目的語も受動文の主語になることが出来るが、間接目的語の人を受動文の主語に置かない場合もあるので注意。
>
> 　能動文：John gave me this book.
> 　受動文：I was given this book by John.
> 　　　　　This book was given me by John.

> **チェック問題**
>
> Tennyson (　　　) at Westminster Abbey.
> 1 is burying　　2 is buried　　3 buries　　4 buried

解説 受動的動作が行われた結果、到達した状態を述べている。
意味 テニスンはウエストミンスター寺院に埋葬されている。
解答 2

通常では次のように「by＋動作主」は省かれる。
The novel was translated into more than 30 languages.（この小説は30カ国以上の言語に翻訳された）
One villager was killed in the fray.（一人の村人が小競り合いで殺された）

> **要点**
>
> 受動態の効果的な使い方
> ①人を目立たせたい場合：Out of over 30 applicants, Betty was offered the job.（30人以上の応募者の中から、ベティがその仕事を得た）
> ②長い主語をさける場合：He was shocked by Jack and Beth's decision to cancel their wedding.（ジャックとベスが結婚を取り止めたことは、彼にとってショックであった）
> ③文章に客観性をもたせるため：It is often said that English is difficult language.（英語は難しい言葉だということが、しばしば言われている）
> ④行為を行なった人が誰であるか知らない場合：Those pyramids were built in ancient times.（それらのピラミッドは古代に作られた）

§2. 知覚動詞と使役動詞の受動態

> **チェック問題**
> They were made (　　) for over an hour.
> 1 wait　　2 waiting　　3 to wait　　4 to waiting

解説　使役動詞および知覚動詞の受動態は「be＋過去分詞＋to不定詞」となり、ここではto不定詞をともなうことに注意する。

意味　彼らは1時間以上も待たされた。

解答　3

　知覚動詞（see, hear, feel）と使役動詞（make, let）の能動態の形は、「主語（S）＋知覚（使役）動詞（V）＋目的語（O）＋原形不定詞（C）」の第5文型からなっている：He saw her walk across the street.／Let me take one more picture.（もう1枚写真をとらせて下さい）

> **要点**
> ①これらの知覚動詞と使役動詞の受動態では、原形不定詞の部分がto不定詞になるので注意する。また代名詞が動作主の場合には省略される。
> 能動文：She heard him sing.
> 受動文：He was heard to sing [×sing] (by her).
> 能動文：John made her smile.
> 受動文：She was made to smile [×smile] by John.
> ②使役動詞のgetやcauseの場合には、能動文の目的格補語は原形不定詞ではなくto不定詞となることに注意する。
> 能動文：I couldn't get the car to go [×go] faster.
> 受動文：The car couldn't be gotten to go faster (by me).
> 能動文：Smog causes plants to die [×die].
> 受動文：Plants are caused to die by smog.

§3. 群動詞の受動態

> **チェック問題**
> The boys were carried (　　) the soccer game.
> 1 away　　　2 away by　　　3 by　　　4 out

解説 be carried away「夢中になる」のイディオムにbyが付いた形で、away by を選択する。
意味 少年達はサッカーの試合にすっかり夢中になってしまった。
解答 2

　群動詞（イディオム）が受動態になった場合には、能動態の群動詞の連結をそのまま残す：The flag was run up.／The meeting was put off.／My stomach was looked over by the doctor.

> **要点**
> 動作主のbyが後に続く場合に、イディオムの前置詞（もしくは副詞）もそのまま残りbyとともに連結される。
> ①前置詞の目的語が受動文の主語になる。
> 　John sent for the doctor.→The doctor was sent for by John.
> 　She laughed at John.→John was laughed at (by her).
> 　The doctor took notice of the fact.（医者はその事実に注意を払った）→The fact was taken notice of by the doctor.
> ②他動詞の目的語が受動文の主語になる。
> 　He should pay special attention to the problem.（彼はその問題に特別な注意を払うべきだ）→Special attention should be paid to the problem (by him).
> ③上の①と②の両方とも受動文の主語にできる場合もある。
> 　We took great care of his work.（私達は彼の作品に十分な注意を払った）→①His work was taken great care of. ②Great care was taken of his work.

§4. by以外の前置詞を取る受動態

チェック問題

The dining room was filled (　　) the laughter of the women.
1 with　　　2 by　　　3 in　　　at

解説　「～でいっぱいだ」はbe filled withになり、filledの後にはbyではなくwithが入る。

意味　ダイニングルーム（食堂）はその婦人たちの笑い声でいっぱいだった。

解答　1

　通常では動作主にbyが置かれるが、一部の動詞の受動態にbyが動作主と見なされずにby以外の前置詞を取る場合がある：My plan was based on co-operation.／She is not concerned with [in] the affair.（彼女はその事件と関係がない）

要点

動作主を表すby以外にin, at, with, toなどの前置詞を取る場合もある。

①in
　I'm interested in [×by] American culture.
　interested以外にjustified in, experienced inがある。

②at
　She was surprised at [まれにby] the news.
　他にalarmed at, amused at, puzzled atなどがある。

③with
　The village was covered with [by] snow.
　他にbored with, depressed with, dissapointed with, excited with, occupied with, satisfied withなどがある。

④to
　David is known to everybody.

§5. 能動受動態

チェック問題

This TV camera (　　　).
1 handles　　　　　　　2 is handling
3 handles easily　　　　4 handle

解説　「取り扱う」の意味はhandleであるが、この動詞は様態を表す副詞を伴うので、handles easilyを選択する。

意味　このテレビカメラは使いやすい。

解答　3

　動詞の形は能動態であるけれども、意味が受動を表すので能動受動態と呼ぶ。これは本来「人」を主語にする動詞が「物」を主語にした時に見られる表現：This cloth won't wash well.（この布はあまり洗濯がきかない）／The house rents at [for] ＄500 a month.

要点

①日本語で「(を)読む」から「(が)読める」というようにreadは自動詞化したものである。最近肯定文では様態を表す副詞を伴う：I read the book. ＋The book is interesting. ＝The book reads interesting [interestingly].

②この能動受動態を取る動詞には、cook（料理される）, cut（切れる）, eat（食べられる）, lock（鍵がかかる）, read（読める）, rent（借りられる）, sell（売れる）, wash（洗濯がきく）などがある：Onions cook more quickly than pumpkins.（タマネギはカボチャより早く煮える）／The dish smelled sweet.／The meat cuts easily.／They ate and drank heartily.／This door locks by itself.（このドアは自動的にかぎがかかる）／This CD sells well.／This translation reads well.

演習問題

次の1から12までの（　）に入れるのに最も適切なものを1, 2, 3, 4の中から一つ選び、番号で答えなさい。

1. He let it（　　）that he wasn't sure.
   1 know　　　　2 known　　　　3 be known　　　　4 to know

2. The baseball manager is looked（　　）all the players.
   1 up to　　　　2 up by　　　　3 up　　　　4 up to by

3. Professor John is spoken（　　）his students.
   1 well by　　　　2 well of by　　　　3 of well by　　　　4 for well by

4. Let this issue（　　）more cautiously by scientists.
   1 discuss　　　　　　　　2 discussing
   3 be discussed　　　　　　4 to be discussing

5. Little attention（　　）this phenomenon by professionals.
   1 was paid　　　　　　　2 was paying
   3 was paid to　　　　　　4 was paying to

6. Special emphasis（　　）ecomomic policy by the government.
   1 is lying on　　　　2 is laid on　　　　3 is lain on　　　　4 is laying on

演習問題のポイントと解説

1. **解説** 目的語がitで物であるため、空欄の目的格補語は受動態になり「使役動詞＋目的語＋動詞の原形(受動態)」になる。
   意味 彼は自分に確信がないことを明らかにした。　**解答** 3

2. **解説** 形は「be looked up to by～」で意味は「～に尊敬される」となる。つまりbe looked up toのイディオム＋by(行為者)がつづく。
   意味 その野球監督は選手みんなから尊敬されている。
   解答 4

3. **解説** 形は「be spoken well of by～」で意味は「～によく言われる」となる。つまりbe spoken well ofのイディオム＋by(行為者)がつづく。
   意味 ジョン教授は学生の間では評判がよい。　**解答** 2

4. **解説** Let～(命令文)の受動態は「let＋目的語＋be＋過去分詞」となる。したがって「be＋過去分詞」がくることに注意する。
   意味 科学者たちにこの問題をもっと慎重に論じさせなさい。
   解答 3

5. **解説** 形は「attention is paid to～」で意味は「注意が～に払われる」となる。元の形pay to attention「注意を払う」によりtoがつくので注意。
   意味 専門家たちはこの現象にほとんど注意を払わなかった。
   解答 3

6. **解説** 形は「emphasis is laid on～」で意味は「～に重点が置かれる」となる。もともとlay on emphasis「重点を置く」により、onが残ることに注意。
   意味 政府は経済政策に特に重点を置いている。　**解答** 2

演 習 問 題

7. Have you ever been disappointed (　　) love?
　　1 in　　　　　2 by　　　　　3 in by　　　　　4 to by

8. He was greatly amused (　　) your suggestion.
　　1 on　　　　　2 at　　　　　3 at by　　　　　4 on by

9. She is not scared (　　) taking big risks.
　　1 by　　　　　2 for　　　　　3 for by　　　　　4 of

10. A man is known (　　) the company he keeps.
　　1 by　　　　　2 with　　　　　3 in　　　　　4 of

11. It was hard to make myself (　　) in that din.
　　1 hear　　　　2 hearing　　　3 to hear　　　　4 heard

12. She had the letter (　　) into Spanish by her mother.
　　1 translate　　2 translating　3 translated　　4 to translate

演習問題のポイントと解説

7. **解説** 形は「be disappointed in～」で意味は「～に失望する」となる。ここでは in love となり、「失恋する」の意味になる。
   意味 あなたは失恋したことがありますか。　**解答** 1

8. **解説** 形は「be amused at [by]～」で意味は「～を面白く思う」となる。通常、前置詞は at をとるが、by がくる場合も見られる。
   意味 彼は君の提案を聞いて大変面白がった。　**解答** 2

9. **解説** 形は「be scared of～」で意味は「～をこわがる」となる。ここでは前置詞は of をとることに注意する。take [run] risks は「危険を冒す、思い切ってやってみる」の意味。
   意味 彼女は思いきったことを恐れずにやる。　**解答** 4

10. **解説** この文はことわざとして暗記しておく必要がある。形は「be known by～」で意味は「～によってわかる」となる。
    意味 人は付き合う友人を見ればその人がわかる。　**解答** 1

11. **解説** 形は「make oneself heard」で意味は「(大声で自分の声を)聞こえるようにする、(自分の考えを)聞いてもらう」となる。
    意味 騒がしくて私の声を聞いてもらうのは難しかった。
    解答 4

12. **解説** この文の形は「have＋物(目的語)＋過去分詞」で意味は「～してもらう(受け身)」となる。ここでは目的語が letter で物であるので過去分詞がくる。
    意味 彼女は母にその手紙をスペイン語に翻訳してもらった。
    解答 3

8. 仮定法

§1. 直接法と仮定法の違い

> **チェック問題**
>
> If she (　　　) come to Hokkaido, I will let you know at once.
> 1 should　　2 could　　3 would　　4 might

解説 未来についての実現性の少ない仮定を述べているので、「万一」という意味のshouldがくる。主節には直説法のwillまたは仮定法のwouldが用いられる。

意味 万一彼女が北海道へ来たら、すぐにあなたに知らせます。

解答 1

通常で用いられる形式は直接法であるが、これに対して仮定法は事実に反する現実とは反対のことを、頭の中で仮定して述べる表現形式なので、まずこの点をしっかりおさえておこう。

> **要点**
>
> ①直接法：If I go there today, I will see her.（もし私が今日そこへ行けたら、彼女に会えるでしょう）
> If it is fine tomorrow, we will go for a drive.（もし明日天気なら、私たちはドライブに行きます）
> ②仮定法：[× If it will be fine tomorrow, we will go for a drive.]
> → If it should be fine tomorrow, we will [would] go for a drive.（もし万一明日晴れならば、ドライブしましょう）[wouldであればドライブするのになあ] 天気の場合は人間の感情的判断によって変えられないので、上記の通り、仮定法のshouldを用いる。

§2. 仮定法の構造

> **チェック問題**
> If I were in your place, I (　　　) the proposal.
> 1 will receive　　　　　　2 won't receive
> 3 wouldn't have received　　4 wouldn't receive

解説 条件節の動詞はwereとなっているので、仮定法過去の文である。したがって、主節には「助動詞の過去形＋動詞の原形」がくる。
意味 もし私があなたの立場なら、その提案を受け入れないだろう。
解答 4

仮定法の表現形式には、仮定法過去と仮定法過去完了の2つの形がある。

> **要点**
> ①仮定法過去は現在の事実に反する事柄を表し、述語動詞に過去形を用いる。形は「過去」であるが、意味は「現在」である。
> 仮定法過去の形
> 「(条件節)If＋S＋動詞の過去形～，(帰結節)S＋助動詞の過去形＋動詞の原形～」の形：If I were [×am] a bird, I could [×can] fly to you. (もし私が鳥なら、あなたのところへ飛んで行けるのに)
> ②仮定法過去完了は過去の事実に反する事柄を表し、述語動詞に過去完了形を用いる。形は「過去完了」であるが、意味は「過去」である。
> 仮定法過去完了の形
> 「(条件節)If＋S＋動詞の過去完了～，(帰結節)S＋助動詞の過去形＋動詞の現在完了～」の形：If I had been [×was] you, I would not have done [×would not do] such a thing. (もし私があなただったら、そんなことはしなかったのになあ)

§3. 仮定法の重要構文

> **チェック問題**
> (　　　) her help, I couldn't have finished the work.
> 1 If I had　　2 Had it not been for　　3 With　　4 Were it not for

| 解　説 | 主節の述語がcouldn't have finishedとなっているので仮定法過去完了で条件節には「had＋過去分詞」がくる。ここではIfが省略されている。 |

| 意　味 | もし彼女の助けがなかったら、私はその仕事を終えることが出来なかったであろう。 |

| 解　答 | 2 |

1. as if ～「まるで～のように」
   She talks as if (＝as though) she knew everything.
   (彼女はまるでなんでも知っているかのように話す)

2. If it were not for ～ (＝without, but for)「もし～がなければ」
   If it had not been for ～ (＝without, but for)「もし～がなかったならば」
   If it were not for your advice, my plan would fail.
   ＝Without [But for] your advice, my plan would fail.
   (もしあなたの忠告がなければ、私の計画は失敗するでしょう)

> **要　点**
> これらの2つの形、つまり①仮定法過去及び②仮定法過去完了ともに、Ifが省略される場合があるので注意する。
> ①仮定法過去：Were it not for your advice (＝If it were not for your advice), my plan would fail.
> ②仮定法過去完了：Had it not been for your advice (＝If it had not been for your advice), my plan would have failed.

> **チェック問題**
>
> I wish it (　　) so cold today.
> 1 won't be　　2 wouldn't be　　3 wasn't　　4 hadn't been

解　説　wishの仮定法過去の文で、動詞は仮定法過去のwasn't（＝weren't）が入る。

意　味　今日はあまり寒くなければよいのだが。

解　答　3

3．I wish ～「～であればよいなあ」

　　願望を表す仮定法で、目の前の相手に向かって言っているのだから、常に現在において用いられる表現。
　　I wish you had not told her the secret.（その秘密を彼女にしゃべらなければよかったのに）／If only（＝I do wish）it would be fine.（晴れてくれたらいいなあ）これはwishの強調表現。

4．It's time ～「～してもよいころだ」

　　It's (about) time you went to bed.（そろそろ寝る時間だ）この文はto不定詞を用いて書き換えができる。（＝It's time for you to go to bed.）

> **要　点**
>
> wishとhopeの違い
> ①仮定法のwish：I wish (that) you would pass the examination.（試験に受かるといいのにねえ）しかし裏の意味には、「どうせ受からないだろう」というニュアンスもとれる。
> ②直接法のhope：I hope that you will pass the examination.（あなたが試験に受かることを希望します）ここではthat節にはwillという未来を表す助動詞がくる。
> ③wishは実現不可能な事柄と、単に「望む、欲する」ことを表す場合に用いられるが、hopeは実現可能な事柄を「望む」意味で用いられる。

§4. 仮定法現在

> **チェック問題**
> The doctor recommended that he (　　) smoking.
> 1 quits　　2 should quit　　3 will quit　　4 would quit

解説 問題文はrecommendedにつづく仮定法現在の文で、空欄にはshould quitが入るがアメリカ英語ではshouldが省略される。
意味 医者は彼に喫煙を止めるようにすすめた。
解答 2

仮定法現在には2つのタイプの形がある。①「提案・要求」などを表す動詞の文と、②「必要・願望」などを表す形容詞につづくthat節の中で形式的に用いられる場合。

1.「提案・要求を表す動詞＋that＋主語＋仮定法現在」の構造
　　この仮定法現在には「(should)＋動詞の原形」がくる：Ann suggested that I (should) look for another job. （アンは私が他の仕事を探すように提案した）

> **要点**
> ①このタイプの動詞にはsuggest, propose, recommend, insist, demand等がある。
> ②また次の文のshouldは仮定法現在と呼ばれ、仮定法現在につづく動詞は「～したらいいだろう」の意味で用いられる。形は「should＋動詞の原形」になる。したがってアメリカ英語ではshouldは省略される：I demanded that he (should) apologize [×apologizes, ×apologized]. （なあおまえさあ、あやまったらと私は言ったのだ）／They insisted that she (should) have [×has, ×had] dinner with them. （彼らは彼女が彼らとともに夕食をとることを主張した）

8. 仮定法／§4. 仮定法現在

チェック問題

It is necessary that he (　　　) the conference.
1 attend　　　2 attends　　　3 will attend　　　4 would attend

解説　It is necessary thatの構文で形容詞がnecessaryである。したがってここではアメリカ英語の仮定法現在のshouldが省略された形で、attendのみが入る。

意味　彼はその会議に出席する必要がある。

解答　1

2．「It is＋形容詞＋that＋主語＋仮定法現在」の構造

「必要・重要・願望・当然」を表す形容詞の後のthat節では仮定法現在が用いられる。

要点

①このタイプの形容詞にはadvisable, desirable, essential, important, natural, necessary, proper, vitalなどの批判的判断を述べる形容詞が用いられる：It is advisable that you(should) take a rest soon.＝It is advisable for you to take a rest soon.（あなたはすぐ休んだ方が賢明だ）／It is desirable that he (should) attend the party.＝It is desirable for him to attend the party.（彼がそのパーティーに出席するのは望ましい）

②先に述べた「提案・要求」を表す動詞の文と同様に、次の文のshouldはアメリカ英語では省略される：It's natural that he (should) praise her.（彼が彼女をほめるのは当然だ）／It's important that she (should) be here on time.（彼女が時間通りに来るのは大切なことだ）

③またさらにsuggestion, proposal, recommendationなどの名詞の後でもshouldが用いられる：What do you think of his suggestion that I (should) buy a yacht？（私がヨットを買ったらという彼の提案をあなたはどう思いますか）

演 習 問 題

次の **1** から **12** までの（　　）に入れるのに最も適切なものを1, 2, 3, 4の中から一つ選び、番号で答えなさい。

1. I wish I（　　）"Yesterday."
　1 will sing　　2 sing　　3 could sing　　4 couldn't sing

2. He spoke English as if he（　　）an American.
　1 were　　2 had been　　3 will be　　4 is

3. It's about time I（　　）a vacation.
　1 will have　　2 had　　3 have　　4 have been

4. （　　）you had one billion yen, what would you do?
　1 Supposed　　2 Suppose　　3 Supposition　　4 Supposedly

5. How I wish I（　　）your advice!
　1 follow　　2 will follow　　3 followed　　4 had followed

6. Your mother would rather you（　　）marry Beth.
　1 won't　　2 don't　　3 wouldn't　　4 didn't

演習問題のポイントと解説

1. **解説** この文の形は「I wish＋仮定法過去」で、このwishは現在の事実とは反対の願望を示し、「助動詞の過去形＋動詞の原形」がくる。
   意味 私に「イエスタデー」が歌えたらよいのになあ。　**解答** 3

2. **解説** as if～は「まるで～のように」、このas ifの後には主節と同時の事柄ならば仮定法過去で、主節よりも以前の事柄なら仮定法過去完了を用いる。
   意味 彼はまるでアメリカ人であるかのように英語を話す。
   解答 1

3. **解説** この文の形は「It's (about, high) time～」で意味は「もう～してもよいころだ」となる。このあとに続く節では仮定法過去が用いられる。
   意味 そろそろ休暇を取ってもよいころだ。　**解答** 2

4. **解説** この文で重要なのはSuppose (＝If) で、意味は「仮に～としたら、あるいはもし～ならば」となる。これは重要項目なのでしっかり覚えよう。
   意味 もしあなたが10億円あれば、どうしますか。　**解答** 2

5. **解説** How は I wish の強調形で、仮定法過去完了の文である。この感嘆文は仮定法過去完了であることに注意する。
   意味 あなたの忠告に従っていればよかったのに。　**解答** 4

6. **解説** この文の形の要点は「would rather (that)＋仮定法」で、このthatは省略する。この文では仮定法過去が用いられている。
   意味 君のお母さんは君にベスと結婚してほしくないと思っている。
   解答 3

演 習 問 題

7. Leave home by 6:15, (　　) you will miss the train.
　　1 unless　　　　2 otherwise　　　3 then　　　　　4 as if

8. It is natural that he (　　) angry with you.
　　1 will get　　　2 would get　　　3 got　　　　　4 get

9. (　　) a little more effort, you would have succeeded.
　　1 With　　　　2 Without　　　　3 But for　　　4 For

10. A man of sense (　　) like that.
　　1 doesn't behave　　　　　　2 didn't behave
　　3 won't behave　　　　　　　4 wouldn't behave

11. He suggested to me that she (　　) alone.
　　1 will go　　　2 would go　　　3 went　　　　4 go

12. "I have a terrible toothache. I can't eat."
　　"You (　　) to the dentist yesterday."
　　1 should have gone　　　　　2 should go
　　3 would have gone　　　　　 4 would go

演習問題のポイントと解説

7. 　**解説**　この文は命令文で始まっている。したがって「～しなさい、さもなければ（もしそうでなければ）」という場合には、otherwise（＝if not）を用いる。
　意味　6時15分までに家を出なさい、さもないと電車に遅れますよ。
　　　　　　　　　　　　　　　　　　　　　　　　　解答　2

8.　**解説**　この文の形は「It is natural that＋主語＋(should) 動詞の原形～」である。したがってここでは動詞の原形がくる。
　意味　彼があなたに腹を立てるのももっともだ。　**解答**　4

9.　**解説**　「～があれば」というのはWith～で表すことができる。主節は仮定法過去完了になっている。
　意味　もう少し努力していれば、君は成功しただろう。　**解答**　1

10.　**解説**　この文は＝If he were a man of sense, he wouldn't behave like that. に書き換えが可能である。
　意味　常識のある人なら、そのようなふるまいはしないだろう。
　　　　　　　　　　　　　　　　　　　　　　　　　解答　4

11.　**解説**　この文の形は「主語＋suggest～that＋主語＋(should) 動詞の原形～」となる。したがって、ここでは動詞の原形がくる。
　意味　彼は私に彼女をひとりで行かせてみてはどうかと言った。
　　　　　　　　　　　　　　　　　　　　　　　　　解答　4

12.　**解説**　この文の要点は「～すべきであった（のにしなかった）」で、「should have＋過去分詞」で表す。これは現在から見て、「過去のある時にそうしなかったが、すべきであった」となる。
　意味　「私は歯がひどく痛くて、食べられない。」「きのう歯医者に行くべきだった。」　**解答**　1

9. 不定詞

§1. to不定詞の用法

> **チェック問題**
>
> It is a good idea (　　　) over your paper before you hand it in.
> 1 of going　　　2 to go　　　3 for going　　　4 in going

解説 形式主語であるitが名詞的用法の不定詞を指している構文である。
意味 答案を提出する前に答案を見直すことは良い考えである。
解答 2

不定詞の原則的な形は、「to＋動詞の原形」である。時には、toのない形もある。不定詞は文中では、名詞・形容詞・副詞・動詞に似た働きをする。to不定詞は行為について未来的指向を述べるのに用いられることが多い。

1．名詞的性質
　(A) 主語としてのto不定詞
　　　To tell a lie is wrong.（うそをつくのは悪い）
　　　To climb steep hills requires a slow pace at first.（険しい丘に登るには、最初にゆっくりした歩調で歩くことだ）

> **要点**
> ①to不定詞は名詞の働きをして文の主語になる。
> ②to不定詞を主語として文頭に立てることよりも、形式主語itを文頭に立ててto不定詞を文尾に置くのが普通である。itで引きつけておく分、言いたいことが引き立つのである：It is wrong to tell a lie.

> **チェック問題**
>
> The important thing is (　　) your mistake.
> 1 to forget　　2 forget　　3 being forgotten　　4 forgotten

解説　動詞beは原則として補語を従える。補語になり得るのは名詞と形容詞の働きをするものである。(　　)には「～を忘れること」という名詞の働きをするものが入る。

意味　大切なことはあなたの失敗を忘れることだ。

解答　1

(B) beの補語としてのto不定詞

Our aim is to master English. (わたしたちの目的は英語を習得することです)

My wish is to be a teacher. (私の望みは先生になることだ)

His ambition is to be a great novelist. (彼の大望は大小説家になることである)

要点　①代用助動詞としての「be to～」と形態的に同じであるので、これと混同しないように注意する必要がある：He is to return from America tomorrow. (彼はあすアメリカから戻ってくることになっている)

②範例のほかに、主語として「意図」、「考え」、「政策」、「役目」、「方法」などが来ることが多い。

③アメリカ英語では主部にdoがある場合はtoなし不定詞を補語に従えることがある：All you have gotten to do is (to) tell me the truth. (あなたがしなければならないのは私に本当のことを言うことです)

チェック問題			
She forgot (　　) the letter.			
1 mail	2 mailing	3 mailed	4 to mail

解説 動詞forgetは目的語に動名詞がくるか不定詞がくるかで意味が違う。「forget＋動名詞」は「～したことを忘れる」という意味になり、「forget＋不定詞」は「これから先のことをするのを忘れる」という意味なので、動名詞は使えない。動名詞には過去的な意味があり、不定詞には未来的な意味がある。

意味 彼女は手紙を出すのを忘れた。

解答 4

(C) 他動詞の目的語としてのto不定詞

We decided to go to the movies.（われわれは映画に行くことに決めた）

My mother determined to buy a car.（母は車を買う決心をした）

要点
①to不定詞のみを目的語に従える主な動詞はagree, choose, demand, expect, offer, plan, refuse, wishなどである。
②to不定詞は動詞の具体的な動作の対象と考えられるので、to不定詞を主語にする受動文や目的語を問うWhat-questionに置き換えができる：To go to the movies was decided (by us).／What did we decide?
③動詞的性質の「動詞＋to不定詞」の形のto不定詞と混同しないように注意する必要がある。この構造のto不定詞を真の目的語と考えるならば、目的語を主語にした受動文やWhat-questionに置き換えが可能であるが、非文である。I want to see you.（あなたに会いたい）→[×To see you is wanted by me.]／[×What do I want?]
④目的語として用いられるto不定詞は形式目的語itで代表されることがある：I think it wrong to lie.

> チェック問題
>
> Tell us (　　) a letter in English.
> 1 what we write　　　　2 how to write
> 3 the way of　　　　　4 which to write

解説　動詞tellは「tell＋目的語(人)＋目的語(事物)」の形をとる。(　)には名詞の働きをするものがくる。「疑問詞＋to不定詞」は名詞句を導く。

意味　英語の手紙の書き方を教えてください。

解答　2

(D) 疑問詞＋to不定詞

You should be taught how to swim.（あなたは泳ぎ方を教わるべきだ）

I don't know which way to go.（どちらへ行くべきか分からない）

He considered what to help them.（彼はどうやって彼らを助けたらいいかよく考えた）

Tell me where to put this vase.（この花瓶をどこに置いたらいいのか教えて下さい）

> **要点**
> ①to不定詞は疑問詞節と同じく名詞的に用いられる。
> ②to不定詞を目的語に従えるか、疑問詞＋to不定詞を従えるかは動詞によって決まる：She knows how to drive a car. [×She knows to drive a car.]
> ③「疑問詞＋to不定詞」のみを目的語に従える動詞はconsider, find out, suggestなどである。

> **チェック問題**
>
> I missed a good opportunity (　　　) my opinion on it.
> 1 in giving　　　2 give　　　3 to give　　　4 to been given

解 説　「意見を述べる好機」という意味で、to 不定詞が名詞を修飾して、opportunity の内容を補足的に説明している。

意 味　私はそれについての意見を述べる好機を逃した。

解 答　3

2．形容詞的性質

　　名詞の後に置いて、その名詞を修飾する。

　(A) 名詞の内容を説明する to 不定詞

　　He had the kindness to inform me of the incident.（彼は親切にもその出来事を私に教えてくれた）

　　In those days I had a yearning to go to Alaska.（そのころ、私はアラスカへ行きたいという望みを持っていた）

　　She has the ability to make a big plan.（彼女には大きな計画を立てる能力がある）

> **要 点**
>
> ①抽象名詞の内容を to 不定詞以下で明らかにしている場合、抽象名詞と to 不定詞は同格関係になる。
>
> ②動詞に由来する抽象名詞を修飾する to 不定詞は動詞の目的語として見なされる：She has no intention to come.〔＝ doesn't intend to come.〕（彼女には来る意志がない）
>
> ③形容詞に由来する抽象名詞と to 不定詞の関係は形容詞と to 不定詞との関係である：I did so in my anxiety to help you.〔＝ I was anxious to help you.〕（私はなんとかあなたを助けたいと思ってそうしたのです）
>
> ④名詞が「手段」・「権利」・「理由」・「時」などを表す場合、to 不定詞は名詞の内容に対して副詞的に制限を加えている：I have every reason to believe that.〔＝ every reason for which I should believe that.〕（それを信じる十分な理由がある）

チェック問題

She had a lot of letters (　　　).
1 of sign　　　2 sign　　　3 to be sign　　　4 to sign

解説　「書くべき手紙」という意味で、(　　)が名詞lettersを修飾している。名詞を修飾するのは形容詞の働きをするものである。選択肢から形容詞の働きをする語(句)を選ぶこと。to不定詞は意味上、名詞lettersにまでさかのぼって、sign lettersという結合が考えられる。

意味　彼女は署名すべき手紙がたくさんあった。

解答　4

(B) 名詞を目的語に取るto不定詞

I had plenty of works to do this morning.＝I had plenty of works that I had to do this morning.（私は今朝多くの仕事があった）
He has very little time to spare.＝He has very little time that he can spare.（彼には暇な時間がごくわずかしかない）
She has no house to live in.（彼女には住む家がない）

要点
① 修飾される名詞がto不定詞の意味上の目的語になる。
② to不定詞が他動詞でなく、自動詞である場合は前置詞を添える必要がある。
③ 名詞がto不定詞句内の前置詞の目的語になることがある：Please give me a plate to serve potatoes on.＝Please give me a plate on which I can serve potatoes.
④ 名詞がto不定詞句内にある前置詞の目的語になる場合に、名詞とto不定詞の修飾関係を密にするために、関係代名詞を用いることがある：I have no money with which to buy my wife a dress. ＝I have no money to buy my wife a dress (with).（妻にドレスを買ってあげる金がない）

> **チェック問題**
> The question (　　　) at today's meeting is whether we should postpone our trip till next month.
> 1 to discuss 2 to be discussed
> 3 discussing 4 is discussed

解説 動詞discussは「〜を検討する」という意味で他動詞であるので、1と3を選択できない。正答は2であり、関係代名詞を用いてthat is to be discussedというように書き換えすることができるように、the questionとto discussは主語と動詞の関係で結ばれている。

意味 今日の会合で検討される問題は来月まで旅行を延期すべきかどうかということです。

解答 2

(C) 主語と動詞の関係にあるto不定詞
You have a good friend to help you.（あなたにはあなたを助けてくれる良い友だちがいる）
The doctor gave me some medicine to be taken three times a day.（医者は私に1日3回服用する薬をくれた）

> **要点**
> 修飾される名詞とto不定詞は意味上主語と動詞の関係になる：＝You have a good friend who helps you.／＝The doctor gave me some medicine that were taken three times a day.

> **チェック問題**
>
> Jack went to the station (　　　) his mother off.
> 1 seeing　　　2 to see　　　3 to send　　　4 to being sent

解説　(　　　)以下は「見送るために」という意味で、動詞wentを修飾して目的を表している。

意味　ジャックは母親を見送りに駅に行った。

解答　2

3．副詞的性質

形容詞・副詞や文全体を修飾したりする。

(A)「目的」を表すto不定詞

　　The policeman blew his whistle to stop the car.（警察官はその車をとめるために笛を吹いた）

　　I drove to the airport to meet my sister.（私は姉を迎えに空港へ車で行った）

　　I went to his office to pick up the document.（書類を取りに会社に行った）

　　"Why did you get up so early?" "To meet my family at the station."（「なぜそんなに早く起きたの」「駅に家族を迎えるため」）

> **要点**
>
> ①目的の意味を強調したい場合は、in orderやso asを添える：She worked hard so as[in order] to pass the chemistry examination.（彼女は化学の試験に合格するように猛勉強した）
>
> ②不定詞を否定する場合は、通例in order notやso as notを添える：He got up so early in order not [so as not] to miss the train.（彼は列車に乗り遅れないようにとても早く起きた）

> **チェック問題**
>
> I am glad to (　　　) you.
> 1 being met　　　2 meet　　　3 meeting　　　4 having met

解説 感情を表す表現の後に不定詞が用いられる。不定詞はどうして「うれしい」か、その原因を表している。

意味 お会いできてうれしいです。

解答 2

(B)「原因・理由」を表すto不定詞

I am happy to meet you.（あなたに会えてうれしい）

Beth was disappointed to find the big snakes asleep.（おめあての大きな蛇が眠っているのを見てベスは失望した）

Jean was very foolish to go out in this storm.（この嵐の中を出かけるなんてジーンは非常に愚かだった）

> **要点**
>
> ①このto不定詞は感情を表す形容詞や動詞句の後に用いられる。感情を表す形容詞にはhappy, relieved, angryなどがあり、動詞句にはbe astonished, be amazed, be disgusted, be pleasedなどがある。
>
> ②感情を表す形容詞が感情の意を失って、willingと同じぐらいの「喜んで〜する」の意になる場合は、それに続く不定詞は未来の動作を表す動詞的用法になる：I'll be glad to drive you home.（喜んであなたを家まで車で送りましょう）

> **チェック問題**
>
> He went to her house in the snow, (　　) find her absent.
> 1 so that　　　2 so as to　　　3 only to　　　4 in order to

解説　only to doで通例、よくない結果を表し、「結局、〜だけであった」という意味になる。この不定詞は主文の主語が行う行為に対して、意識的に「見つけようとして」ではなく、自然に「見つける」という結果の意味になる。つまり、only to不定詞で、主語の行為が期待はずれの結果になったことを表す。

意味　彼は雪の中を彼女の家に行ったが、残念ながら留守で会えなかった。

解答　3

(C)「結果」を表すto不定詞

She awoke to find a burglar in her room.（彼女が目をさますと部屋に泥棒がいた）

The door opened to admit the old lady.（戸があいて、老婦人が入って来た）

She tried only to fail again.（もう一度やってみたが、失敗しただけであった）

> **要点**
> ①自然の成りゆきで、そういう結果になる場合に用いられる。
> ②結果を表す不定詞はonlyを不定詞の前に置いて、主語にとってある行為が予期しない結果になったことを表す。

> **チェック問題**
>
> (   ), I am not perfect.
>
> 1 Be surely　　2 Being sure　　3 To be sure　　4 Be sure

解説　話し手が叙述全体に対する自分の確信を述べるために、不定詞が用いられる。また、不定詞は文全体を修飾している。

意味　確かに、私は完全無欠ではない。

解答　3

(D) 条件を表すto不定詞

Your brother would be called a fool to do such a thing.（そのようなことをしたら、あなたの弟は馬鹿といわれるであろう）

To hear his talk, you might take him for an American.（彼の話を聞くと、まちがって彼をアメリカ人と思うかもしれない）

(E) 文全体を修飾するto不定詞

To do you justice, you are not without your merits.（公平に判断すれば、あなたには長所がないわけではない）

To make matters worse, he talked back to his boss.（さらに悪いことに、彼は上司に口答えした）

> **要点**
>
> ①条件を表すto不定詞の上記の範例において、主節にwouldがあるので、to不定詞に条件の意味が内在していると考えられる。
>
> ②if節に置き換えができる：Your brother would be called a fool if he would do such a thing.
>
> ③文全体を修飾するto不定詞は文全体に対する話し手の心的な態度や感想などを述べるために用いられ、文頭や文尾や中位に置かれる。

> **チェック問題**
> I want you (　　　) my shoes.
> 1 repaired　　2 are repairing　　3 repair　　4 to repair

解　説　動詞wantは、第五文型で用いる時、目的格補語として不定詞がくる場合はto不定詞を従える。

意　味　私はあなたに私の靴を修理してほしい。

解　答　4

4．動詞的性質

　不定詞は目的語の動作を述べて、目的語と不定詞が意味上の主語と述語の関係になる場合と、to不定詞が定形動詞に相当する意味・機能を有する場合がある。

(A)「動詞＋目的語＋to不定詞」の構造

　　I want you to do it.（私はあなたにそれをやってほしい）

　　They forced him to sign the paper.（彼らは彼に無理やり書類に署名させた）

　　He ordered me to go there.（彼は私に命じてそこに行かせた）

　　I couldn't get the car to start and went by bus.（私は車が動かせなかったので、バスで行った）

　　The scholarship enabled him to go to college.（奨学金で彼は大学に行けた）

> **要　点**
> ①第五文型の文の代表的な構造は、「want [ask]＋人＋to不定詞」である。
> ②目的語がto不定詞の意味上の主語になる。
> ③このような構造をとる他動詞にはallow, advise, ask, beg, cause, force, getなどがある。

> **チェック問題**
> I will have you (　　　) my shoes.
> 1 to repair　　　2 repair　　　3 repairing　　　4 repaired

解説 「人に〜させる」のhaveは使役動詞である。使役動詞はtoなし不定詞を目的格補語として従える。

意味 私はあなたに私の靴を修理させよう。

解答 2

(B) 「動詞＋目的語＋toなし不定詞」の構造
　　感覚動詞と使役動詞は目的語に続いてtoなし不定詞を従えることがある。
I had you repair my bag yesterday.（きのう私はあなたに私の鞄を修理してもらった）
His father didn't let him watch television for a whole month.（彼の父親は彼にまる1ヶ月間テレビを見せなかった）
I heard her play the piano.（彼女がピアノを弾くのが聞こえた）
I helped my mother wash the dishes.（私は母の食器洗いを手伝った）

> **要点**
> ①haveは「〜に...させる、〜に...してもらう」の意味の使役動詞である。
> ②使役動詞にはbid, let, makeなどが類する。
> ③感覚動詞にはfind, notice, see, watchなどがある。
> ④toなし不定詞は受動態の文ではto不定詞になる：You were had to repair my bag yesterday.／She was heard to play the piano.［→受動態の項を参照］
> ⑤helpは使役動詞に似た働きをする。

9. 不定詞／§1. to不定詞の用法

> **チェック問題**
>
> I want (　　) a musician.
> 1 be　　　2 to have been　　　3 been　　　4 to be

解説 動詞wantは「(未来において)〜したい」という意味なので、「未来」を含意する不定詞を目的語に従える。wantが不定詞を従えると、「〜したい」という話し手が不定詞の動作を願望することになる。それでwant toが、意味上、法助動詞に似た働きをし、不定詞が本動詞的な働きをする。wantが動名詞を目的語とする場合は、need「〜を必要とする」の意味で用いられる。

意味 私は音楽家になりたい。

解答 4

(C) 「動詞＋to不定詞」の構造

不定詞が意味上本動詞の働きをして、「動詞＋to」は助動詞の働きをすることがある。そこで、「動詞＋to不定詞」を一つの単位として複合動詞句とした方が妥当である。

She began to study for her exams last week.（彼女は先週試験勉強を始めた）

In time you will come to know the meaning of what I said.（そのうちあなたは私が言った言葉の意味がわかるでしょう）

He managed to swim across the river.（やっと彼は川を泳ぎ渡った）

The affair failed to interest him.（彼はその事件に関心を示さなかった）

He wanted to throw the bottle away, but he didn't.（彼は瓶を捨てたかったが、しなかった）

I happened to see him on the street.（街で偶然彼に会った）

> **要　点**
>
> ①beginタイプの動詞は動作の「開始」、「継続」、「終止」を表すstart to, continue to, cease toなどである。
> ②「往来」、「変化」の意味の自動詞にto不定詞が結合した構造では意味の重点は不定詞に移る。「目的」のto不定詞と混同しないように注意する必要がある：He came here to speak to me, and not to you.＝He came here in order to speak to me, not to you.（あなたとではなく、私と話すために彼はここに来た）。comeタイプの動詞には「傾向」を表すget to, grow to, learn toなどがある。
> ③manageタイプの動詞には「可能」、「努力」を表すtry to, contrive to, dare toなどがある。
> ④failは意味の上で、一種の否定助動詞であり、do notの意味と大差がない。「忘却」、「失敗」、「拒絶」、「記憶」の意味の動詞forget to, decline to, refuse to, remember toはfailタイプの動詞である。
> ⑤want toは「～したい」という話し手が不定詞の動作の願望を表す。それで、want toは意味上法助動詞に似た働きをして、不定詞が本動詞的な働きをする。形態の上での不定詞の定形動詞化が見られる：I wanna get out of here. wantタイプの動詞には「願望」、「要求」、「提案」を表すdesire to, require to, wish to, seek toなどがある。
> ⑥上記の範例の主語Iは意味上happenedの主語でなく、不定詞の主語であるので、述語動詞としての意味の重点は不定詞にある。つまり、happenedは一人称である話し手の知覚を通して、不定詞句の事実を主観的に述べているにすぎず、話し手が伝えたい内容は、I saw him on the street.であって、この内容に対して話し手の心意をhappened toで表しているのである。to see以下をthat節をもって置き換えできる：It happened that I saw him on the street. 話し手の「心意」を表すchance to, seem to, appear toなどがこのタイプに類する。

> **チェック問題**
> You (　　　) him when you go.
> 1 are certain to meet　　　2 are certain to meeting
> 3 are certain of to meet　　4 make certain of meet

解説 選択肢から判断して「会うことを確信する」の意味でなく、「必ず会うでしょう」という意味を表す「be cerain to meet」の形が来る。元来、形容詞のcertainは「無生物的なもの」に用いられる叙述形容詞であり、主観的であったが、「人」にも用いられるようになり、客観的になったと考えられる。

意味 あなたが行けば必ず彼に会うでしょう。

解答 1

(D) 「動詞相当句＋to不定詞」の構造
　「be＋形容詞＋to不定詞」のto不定詞が定形動詞化する場合がある。
They are certain to succeed.（彼らは必ず成功するだろう）
I am willing to follow you.（喜んで御一緒します）

> **要点**
> ①話し手の判断・推量を表す法助動詞と同じような働きをする動詞相当句（be certain toなど）に不定詞が続く場合は、不定詞は定形動詞化する。したがって、次のように置き換えても意味上大差はない：It is certain that they will succeed. be certain toに類する動詞相当句は、be sure to, be likely to, be liable toなどである。
> ②動詞相当句（be willing toなど）と不定詞との関係は副詞的なもので、不定詞は原因を表すのではなく、未来の特定の動作を表す場合には、不定詞の定形動詞化が起こると考えることができる。次のように置き換えできる：＝I will willingly follow you.このタイプに類する動詞相当句はbe cautious to, be due to, be apt to, be prone toなどである。

演習問題

次の **1** から **12** までの（　）に入れるのに最も適切なものを 1, 2, 3, 4 の中から一つ選び、番号で答えなさい。

1． Wally awoke in the morning（　　）a cat sleeping beside him.
　　1 to find　　　　2 finding　　　　3 to be found　　　4 find

2． I will have my picture（　　）by him.
　　1 take　　　　2 to take　　　　3 taking　　　　4 taken

3．（　　）, I cannot accept your invitation.
　　1 For my regret　　　　　　2 To my regret
　　3 That I regret　　　　　　4 For me to regret

4． I had him（　　）the box upstairs.
　　1 carry　　　　2 to carry　　　　3 carrying　　　　4 to be carried

5． I waited for a train（　　）.
　　1 come　　　　2 comes　　　　3 to come　　　　4 being come

6． You are,（　　）, a fish out of water.
　　1 to so speak　　　2 to speak so　　　3 speaking so　　　4 so to speak

7． As I was sick, I got my brother（　　）the meeting in my place.
　　1 attend　　　　2 to attend　　　　3 attending　　　　4 to attending

演習問題のポイントと解説

1. **解説** 問題文（　）には自然の成り行きの結果として「〜を見つけた」という到達点を表す選択肢が入る。問題文をWally awoke 〜 and found...と置き換えても意味の大差がない。
   意味 ウォリーが朝目をさますと、隣に猫が寝ていた。　**解答** 1

2. **解説** 「have＋目的語（もの）＋過去分詞」の型の文構成になったときは、haveは「〜してもらう」という意味である。
   意味 私は彼に写真を撮ってもらおう。　**解答** 4

3. **解説** 「to＋one's＋感情の名詞」を用いた副詞句で、話し手の感情を表している。この副詞句は文全体を修飾している。
   意味 残念ですが、招待を受けることはできない。　**解答** 2

4. **解説** 使役動詞としてのhaveは目的格補語としてtoなし不定詞を従える。haveはmakeと違って、直接相手に何かをさせるというのではなく、何かを間接的にさせるという場合に用いる。
   意味 彼に二階にその箱を運ばせた。　**解答** 1

5. **解説** 「〜が...するのを待つ」という意味の場合には、「wait＋for＋名詞＋to不定詞」の形をとる。
   意味 私は列車が来るのを待った。　**解答** 3

6. **解説** 慣用句として用いられ、挿入語句となって、文全体を修飾する不定詞句で「いわば・まるで」という意味である。
   意味 あなたはまるで陸にあがった魚のようなものだ。　**解答** 4

7. **解説** 動詞getは使役的な意味を表す場合は目的格補語としてto不定詞を従え、第五文型の構造をとって、「〜してもらう」という意味で用いられる。
   意味 病気だったので、私の代わりに弟に会合に出席してもらった。
   　解答 2

演 習 問 題

8. It was wrong （　　） you to do that.
　　1 in　　　　　2 for　　　　　3 of　　　　　4 to

9. I was surprised （　　） that he could not read very simple Chinese characters.
　　1 to find　　　2 at find　　　3 finding　　　4 find

10. I happened （　　） no money with me.
　　1 that I had　　2 to have　　　3 my having　　4 of having

11. The first question is comparatively easy to （　　）.
　　1 answer it　　2 answering　　3 being answer　　4 answer

12. He told you （　　） the door.
　　1 to not open　　　　　2 for not open
　　3 not to open　　　　　4 in order open

9. 不定詞／演習問題

演習問題のポイントと解説

8. **解説** 問題文は形式主語構文であり、you が不定詞 to do の意味上の主語になっている。意味上の主語は普通「for ～」で示すが、「It is ＋形容詞＋of [for] ～」の形容詞が人に対する評価を表す場合には、of を用いる。

意味 あなたがそれをやったのは間違いだった。　**解答** 3

9. **解説** 感情にもとづく動作の表現を表す過去分詞のあとには to 不定詞が続く。

意味 私は彼が簡単な漢字が読めないのに気づいて驚いた。

解答 1

10. **解説** 本来、動詞 happen は知的な意味を含んでいる it を主語にとる動詞である：It happened that I had no money with me. 問題文は It happened that I had ～. の that 節の中の主語 I が話し手の興味の対象になるために主節の主語に転換され、動詞が不定詞になってできた構文と言える。問題文は不定詞の目的語を主語にした受動文が可能である。ということは、「happen to ＋動詞の原形」をひとまとめにして動詞句と考えるべきである。

意味 たまたまお金の持ち合わせがなかった。　**解答** 2

11. **解説** 形容詞の easy は主語の性質や状態を述べるのではなく、不定詞句で示される事柄について叙述するいわゆる難易・安危を意味する形容詞である。問題文は It is comparatively easy to answer the first question. という形式主語の構文から不定詞句の動詞 answer の目的語の the first question が話題の中心として取り上げられて主語に転換した形と考えられる。

意味 最初の問題は比較的答えやすい。　**解答** 4

12. **解説** 問題文が第五文型であり、(　　) が目的格補語である。動詞 told は目的格補語に to 不定詞を従えるが、「～ないように」という意味にするための不定詞の否定形は「not ＋ to 不定詞」になる。

意味 彼はあなたにドアを開けるなと言った。　**解答** 3

10. 動名詞

§1. 動名詞の用法

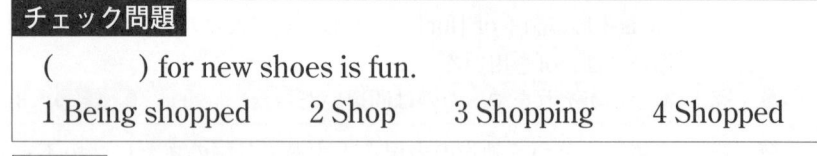

> **チェック問題**
> (　　　) for new shoes is fun.
> 1 Being shopped　　2 Shop　　3 Shopping　　4 Shopped

解説　be動詞の主語は（　　　）の部分である。つまり、（　　　）には名詞の働きをするものが来なければならない。
意味　新しい靴を買いに行くのは楽しい。
解答　3

1. 名詞的性質
　「動詞の原形＋ing」の形で動詞の意味を残しながら名詞的な働きをする。
　(A) 主語としての動名詞
　　Smoking is bad for the health.（喫煙は健康に悪い）
　　Finding a job is difficult in this town.（この町で仕事を見つけるのはむずかしい）
　(B) 補語としての動名詞
　　My favorite pastime is reading Japanese comics.（私の大好きな娯楽は日本の漫画を読むことだ）
　　Her hobby is playing golf.（彼女の趣味はゴルフです）

> **要点**　動名詞がbe動詞の補語になると、形態上、進行形と同じになるので、これと混同しないように注意する必要がある。進行形：I was living in Yokohama.（私は横浜に一時住んでいた）

> **チェック問題**
>
> He denied (　　　) so.
> 1 having said　　2 to have said　　3 to say　　4 himself to say

解説　denyは動名詞のみを目的語に従える動詞である。「～したことを否定する」という意味にするには「deny＋having＋過去分詞」の形になる。

意味　そんなことを口にしたことは覚えていないと言った。

解答　1

(C) 目的語としての動名詞

The accused denied having met the witness.（被告人は証人に会ったことがないと言った）

Your hair wants cutting.（あなたの髪を刈らなければならない）

I remember mailing the letter.（私はその手紙を投函したことを覚えている）

Would you mind turning the light on?（明かりをつけてもらえませんか）

Will you admit having stolen the money?（あなたがお金を盗んだと認めますか）

> **要点**
>
> ①動名詞のみを目的語として従える動詞は、主にavoid, consider, deny, enjoy, finish, give up, mind, postpone, risk, stopなどである。
>
> ②動詞の目的語として動名詞でもto不定詞でも目立った意味の相違がないのが普通である。
>
> ③動詞によっては、目的語の動名詞をto不定詞に置き換えた場合に意味上の違いがある：I remember to mail the letter.（私は忘れずにその手紙を投函する）

> **チェック問題**
>
> Spring is a good season for (　　　) in love.
> 1 fall　　　2 falling　　　3 to fall　　　4 to falling

解 説　forは前置詞なので不定詞を目的語にとることはできない。したがって、名詞の働きをするものが続く。

意 味　春は恋をするにはよい季節です。

解 答　2

(D) 前置詞の目的語としての動名詞

After doing my homework, I went to bed.（宿題をやってから、床についた）

This is a book worth reading.（これは読んでみるだけの価値のある本です）

Every young girl looks forward to going to the coming-of-age ceremony in her best kimono.（若い女性はみんなきれいな着物を着て、成人式に出席するのを楽しみにしている）

Urgent business prevented her from attending the meeting.（彼女は急用で、その会合に出席できなかった）

Because I did not feel like cooking, I went to a good Japanese restaurant.（私は料理をする気にならなかったので、おいしい日本料理店に行った）

> **要 点**
>
> ①動名詞の前にある前置詞が省略されている場合、動名詞は現在分詞に近づく場合がある：Are you going [for] traveling?（あなたは旅行に出かけますか）
> ②上記の範例のworthは前置詞でなく形容詞であるが、前置詞に似た働きをする。

> **チェック問題**
>
> No doubt her father objects (　　) out at night.
> 1 of her to go　　　　2 from her going
> 3 her going　　　　　4 to her going

解説 動詞objectは自動詞として前置詞のtoを従える。したがって、toの目的語は動詞の原形ではなく動名詞であり、動名詞の意味上の主語はherである。

意味 彼女の父は、きっと、彼女が夜外出することに反対する。

解答 4

2．動詞的性質

(A) 動名詞の意味上の主語

We are concerned about the company's trading in oil.（私たちはその会社が石油の取り引きをすることを心配している）

Jack's eating at restaurants only twice this month seems to have saved him about twenty dollars.（ジャックが今月2回しかレストランで食事をしなかったのは20ドルほど彼にとって節約になったようだ）

> **要点**
>
> ①所有格と動名詞との間に意味上の主語と述語の関係がある。
> ②所有格と動名詞で一つの単位をなして、文の主語・動詞・前置詞の目的語になる。
> ③過去の事柄を明確にしたい場合には、完了動名詞を用いることができる：He regrets my having refused their demands.（私が彼らの要求を拒絶したことを 彼は後悔している）
> ④人称代名詞が他動詞の目的語という感じが強い場合は所有格以外の形が動名詞の意味上の主語になることがある：Would you mind me going with you?（御一緒していいですか）

演習問題

次の **1** から **12** までの（　　）に入れるのに最も適切なものを 1, 2, 3, 4 の中から一つ選び、番号で答えなさい。

1． Her mother doesn't like the idea of （　　） part-time.
　1 her working　　　　　　2 that she works
　3 being worked　　　　　 4 her work

2． There is no use （　　） him.
　1 to advise　　2 to be advised　　3 advising　　4 advice

3． Would you mind （　　） your car ?
　1 to move　　2 I move　　3 me to move　　4 my moving

4． The teacher permitted （　　）.
　1 to their swim　　　　　　2 their swimming
　3 they swim　　　　　　　 4 to swim

5． （　　） the prize had a profound effect on the Japanese people.
　1 Their winning　　　　　　2 They won
　3 They winning　　　　　　 4 That they won

6． I am quite used to （　　） English.
　1 speak　　2 spoke　　3 speaking　　4 have spoken

10. 動名詞／演習問題

演習問題のポイントと解説

1. **解説** （　）は前置詞ofの目的語になっているので、名詞の働きをするものが入る。名詞的用法の不定詞や接続詞は目的語にならない。
   意味 彼女の母は、彼女がアルバイトをするという考えが好きではない。　　　　　　　　　　　　　　　　　　　　　　**解答** 1

2. **解説** 「There is no use＋現在分詞」で「～してもむだである」という意味である。
   意味 彼に忠告してもむだだ。　　　　　　　　　　　**解答** 3

3. **解説** mindは目的語として不定詞ではなく、動名詞を従える他動詞である。問題文は選択肢から判断できるように、代名詞の所有格が動名詞の前に置かれているので、依頼の文ではなく、相手の気持ちを尋ねる文である。次のように置き換えできる：Would you object if I moved your car？
   意味 あなたの車を私が移動してもいいですか。　　　　**解答** 4

4. **解説** 動詞permitは動名詞を目的語として従える。また、「人が～するのを許す」という意味で、所有格と動名詞は主語と動詞の関係にある。
   意味 先生は彼らが泳ぐのを許可してくれた。　　　　　**解答** 2

5. **解説** 「had ～」の述部に対して「（　）the prize」は主部である。主部は名詞の働きをするものが来る。動名詞の意味上の主語を明らかにする場合は人称代名詞は目的格を用いる。
   意味 彼らが賞を得たことは日本人に大きな影響を与えた。
   　　　　　　　　　　　　　　　　　　　　　　　　解答 1

6. **解説** usedはtoを従えているが、このtoは不定詞を伴うtoではなく、前置詞のtoである。したがって、toの次にくるのは動名詞である。
   意味 私は英語を話すことにとても慣れている。　　　　**解答** 3

演 習 問 題

7. I tried to avoid (　　) him because he always bored me.
　　1 met　　　　　2 meeting　　　　3 to meet　　　　4 of meeting

8. I consider people grow old by (　　) their ideals.
　　1 desert　　　　2 deserting　　　3 deserted　　　　4 desertion

9. I am accustomed to (　　) treated in this way.
　　1 been　　　　　2 me to be　　　3 do my being　　　4 being

10. Would you object (　　) on the radio?
　　1 to turning　　2 to my turning　3 your turn　　　　4 turned

11. These old people want (　　).
　　1 helping　　　2 to helping　　　3 helped　　　　　4 helpful

12. When it comes to (　　) Japanese movies, no other Japanese director can beat him.
　　1 make　　　　2 be made　　　　3 making　　　　　4 have made

10. 動名詞／演習問題

演習問題のポイントと解説

7. **解説** 動詞avoidは後ろに動名詞を従えて、to不定詞を従えない。
意味 彼はいつも私をうんざりさせるので私は彼と会わないようにした。　　**解答** 2

8. **解説** 手段は前置詞byで表す。前置詞byは目的語として名詞の働きをする語(句)を従える。
意味 人は理想を失うことによって老いるのだと思う。　　**解答** 2

9. **解説** be accustomed toのtoは不定詞を伴うのでなく、前置詞のtoである。したがって、toの後ろにくるのは動名詞である。しかし、be accustomed to do「～する習慣である」と区別すること。
意味 こんなふうに扱われるのには慣れている。　　**解答** 4

10. **解説** 動詞objectは前置詞toを従えて「～に反対する」という意味である。ということは、選択肢にtoのある1か2のどちらかである。次に選択肢1では動名詞turningの前に主語がないので「あなたがラジオをかける」ことになり、2では、myはturningの意味上の主語になって「私がラジオをかける」こととなる。
意味 ラジオをかけても差し支えないですか。　　**解答** 2

11. **解説** 主語peopleと選択肢となる動詞help との間は意味上people are helpedという受動関係にある。つまり、「want＋動名詞」は「～される必要がある」という意味である。
意味 この年寄り達は援助してあげる必要がある。　　**解答** 1

12. **解説** come toは「～になる」という意味の他動詞なので、(　)内には目的語として名詞の働きをするものが入る。
意味 日本映画の製作となると、彼に勝る監督はいない。　　**解答** 3

11. 分詞

§1. 分詞の用法

> **チェック問題**
> I received a letter (　　　) in English.
> 1 writing　　2 to write　　3 written　　4 having written

解説　「書かれた」という受け身の意味で、a letter を修飾するのは過去分詞である。したがって、次のように関係代名詞を用いて「that [which]＋be＋過去分詞」に書き換えられる。

意味　私は英語で書かれた手紙を受け取った。

解答　3

現在分詞と過去分詞があるが、動詞から派生されるので、動詞的性質と形容詞的性質を持ち合わせている。現在分詞は動名詞と同形であるので、混同しないよう注意が必要である。

1. 形容詞的性質

I need boiling water for this instant noodle.（このインスタントラーメンには沸騰しているお湯が必要だ）

Look at the man standing under the tree.（木の下に立っている男の人を見なさい）

> **要点**
> ①形容詞と同様に名詞の前に置かれて、その名詞を修飾する場合は、その名詞の永続的な行為・状態を表す。
> ②名詞の後に置かれてその名詞を修飾する場合は、目的語や副詞などを伴い、その名詞の一時的な行為・状態などを表す。名詞と分詞との間に「関係代名詞＋be動詞」を入れた場合と意味上同じである。
> ③現在分詞は進行的意味であり、過去分詞は受動的意味である。

11. 分詞／§1. 分詞の用法

> **チェック問題**
> He is used to (　　) by servants.
> 1 having things done　　　2 do things
> 3 things being done　　　4 things to be done

解説　「is used to～」のtoは前置詞である。前置詞は目的語を従える。目的語として名詞の働きをするものが来る。「have＋目的語＋過去分詞」で「～してもらう」という意味になる。

意味　彼はなんでもお手伝いさんたちにしてもらう癖がついている。

解答　1

2.「動詞＋目的語＋分詞」の構造

He kept me waiting for half an hour.（彼は私を30分も待たせた）
He kept his lips closed and answered nothing.（彼は口を閉じて、何も答えなかった）
I saw him swimming in the pool.（彼がプールで泳いでいるのを見た）
I found a drunken man lying on the bench in the park.（酒に酔った男が公園のベンチに横たわっているのを見つけた）

> **要点**
> ①感覚動詞、持続動詞、使役動詞がこの構造をつくる：catch, see, feel, find, listen, notice, watch；keep, leave；make, get, haveなど。
> ②これらの動詞は「動詞＋目的語＋不定詞」の形をもつくる。目的語の動作全体を表す場合には不定詞が用いられる：I saw him to go upstairs.
> ③目的語と現在分詞の間には主語と述語という能動の関係があり、目的語と過去分詞の関係は受動的な関係である。上記の範例の「目的語＋分詞」の関係は次のようになる：I waited for half an hour.／His lips were closed.

> チェック問題
> (   ) the bell, they knew it was time to start the class.
> 1 Heard   2 To hear   3 Hearing   4 Hear

解説 分詞構文の主語は主文の主語theyであり、主文と分詞構文の時制は同じである。

意味 ベルを聞いて、彼らは授業が始まる時間だということを知った。

解答 3

3．分詞構文

分詞構文は書き言葉として用いられる。

(A) 付帯状況を表す

主文の主語が同時に分詞の主語であり、分詞が主文とは半ば独立して、追加的に主語の動作や状態を叙述する。

Worn out, they reached the house in the evening.（疲れきって彼らは夕方家に着いた）

Writing the essay, I felt as if the words were flowing out of my hand.（エッセイを書きながら、私はまるで言葉が手から流れ出るかのように感じた）

The president entered the conference room, accompanied by his secretary.（社長は秘書をつれて会議室に入った）

> **要点**
> 次の2文が1文になった構文が分詞構文で、同時進行的な状況を表している。
> (a) They were worn out.
> (b) They reached the house in the evening.
> (b)を主文として、(a)の動詞を分詞化すると分詞構文になる：
> Worn out, they reached the house in the evening.

> **チェック問題**
> (　　) late at night, he couldn't sleep soundly afterwards.
> 1 Has called　　2 Calling　　3 Call　　4 Called

解説 受け身の動作や状態を表す分詞構文には、「being＋過去分詞」を用いる。普通受動態の分詞構文ではbeingを省略し、過去分詞で始まる分詞構文にする。問題文の分詞構文は「原因」を表している。意味内容は文脈から判断する必要がある。

意味 彼は夜遅くに、呼び起こされたので、その後ぐっすり眠ることができなかった。

解答 4

(B)「原因」・「時」などを表す

文脈によって「原因・理由」、「時」、「譲歩」、「条件」などを表す。
Not receiving an answer, I wrote again. （返事が来なかったので、私は再び手紙を書いた）
Reaching the foot of the mountain, they pitched a camp for the night. （山の麓に着いた時、彼らは一夜のキャンプを張った）
Tired and exhausted, my father went to sleep on the sofa. （父は疲れ果てて、ソファで眠ってしまった）

要点 ①上記の範例は従文の原因や契機があって、主文の動作が起こったのである。だから、この関係を従位接続詞を用いて、置き換えできる：As I did not receive an answer, I wrote again.／When they reached the foot of the mountain, they pitched a camp for the night.／As he was tired and exhausted, my father went to sleep on the sofa.
②受動構文ではbeingを省略し、過去分詞で始まる分詞構文にする。

チェック問題

(　　　) in France, Bill spoke French very well.

1 Having been　　2 Being　　3 Has been　　4 His beeing

解説 主節の動作が始まる前に、初めの動作が完了していることを表すには完了形を用いる。問題文を書き換えると、As Bill had been in France, he spoke French very well.

意味 フランスにいたことがあったので、ビルはとてもじょうずにフランス語を話した。

解答 1

Having caught a cold, I couldn't come to visit you.（風邪をひいたので、あなたのところへ行けなかった）

Having finished my homework, I went out for an evening walk.（宿題をすましてしまうと、夕べの散歩に出た）

要点

①主文と従文の同時性がなくなり、分詞の表す「時」が主文の動詞の表す「時」よりも以前であることを明示するには、「have＋過去分詞」の完了形にする：Having gotten up early, I felt very tired all the day.＝Since I had gotten up early, I felt very tired all the day.（早起きしたので、私は終日大変疲れを覚えた）

②主文と従文の時間的な関係を明確にするために、分詞の前に接続詞を添える場合がある：I listened to the music while eating.＝I listened to the music while I was eating.（食事をしながら音楽を聞いた）

11. 分詞／§1. 分詞の用法

> **チェック問題**
> All things (　　　), she did unusually well.
> 1 were considered　　　　2 considering
> 3 being considering　　　　4 considered

解説　主文の主語と分詞構文の主語が違うので、分詞構文にはその主語 all things が表されている。分詞構文の主語を基準において能動の意味なら現在分詞であり、受動の意味なら過去分詞である。ここでは受動の意味になる。

意味　すべてのことを考慮にいれると、彼女はいつになくよくやった。

解答　4

(C) 絶対分詞構文

　　分詞みずからの意味主語を持っている分詞構文を絶対分詞構文という。

He sat on the sofa, his eyes closed. (目を閉じて、彼はソファに腰掛けた)

My mother was running with her hair streaming in the wind. (母は髪を風になびかせながら走っていた)

Bob was reading a novel with all the windows closed. (ボブは窓を全て閉めて小説を読んでいた)

> **要点**
> ①主文の動作の行われているときの状態や動作を述べる場合が多い。
> ②分詞の意味上の主語は主文の身体の一部分であることが多い。
> ③付帯状況を表す絶対分詞構文は、しばしば分詞の意味上の主語の前にwithをつけることがある。「〜を...の状態で」の意味になる。

演習問題

次の **1** から **12** までの（　　）に入れるのに最も適切なものを1, 2, 3, 4の中から一つ選び、番号で答えなさい。

1. The battlefield was covered with the (　　) and the killed.
　　1 dying　　　　2 die　　　　　3 died　　　　　4 being died

2. I noticed (　　).
　　1 he to sleep　　2 him to sleep　　3 him sleeping　　4 he sleeping

3. Who is the man (　　) under the tree?
　　1 is standing　　2 standing　　3 being stood　　4 stand

4. She talked on and on, the audience (　　) to feel bored.
　　1 being began　　　　　　2 were began
　　3 beginning　　　　　　　4 began

5. The sun (　　), she put out the light.
　　1 rises　　　　2 rose　　　　3 rising　　　　4 having risen

6. I got very (　　) at the end of the game.
　　1 excited　　2 exciting　　3 to excite　　4 to exciting

134

演習問題のポイントと解説

1. **解説** 形容詞と同じように、theをつけて集合的な意味を表す。
   意味 戦場はひん死者と戦死者でいっぱいだった。　**解答** 1

2. **解説** 他動詞noticeは目的語としてhimを従えている。その目的語とsleepingの間では「彼が眠っている」という能動の関係になっている。
   意味 私は彼が眠っているのに気づいた。　**解答** 3

3. **解説** 名詞manを分詞が後ろから修飾している。「男の人が立っている」という能動的な意味関係にある。the man who is standingと書き換えることができる。
   意味 木の下に立っている男の人は誰ですか。　**解答** 2

4. **解説** 主文の主語と従文の主語が違うので、分詞構文の主語となるthe audienceが置かれている。分詞構文の主語を基準にして、「～し始める」という能動的な意味なので、現在分詞が正答となる。接続詞を用いて書き換えると、She talked on and on, and the audience began to feel bored.となる。
   意味 彼女は話し続けた、すると聴衆は退屈し始めた。　**解答** 3

5. **解説** 「明かりを消す」という分詞構文の表す時制が「太陽がのぼる」という主節の時制より以前のことである。このような分詞構文は「having＋過去分詞」の形を用いる。
   意味 太陽がのぼったので、彼女は明かりを消した。　**解答** 4

6. **解説** 感情の動詞は他動詞であるから、exciteは「～を興奮させる」という意味である。英語では、「物事が人を興奮させる」という能動的な意味の場合はexcitingのように現在分詞を、「人は物事によって興奮させられる」という受動的な意味の場合はexcitedのように過去分詞を用いる。
   意味 試合の終わりになって、興奮した。　**解答** 1

演習問題

7. I know a Japanese novelist (　　) in France.
　1 bearing and raising　　　2 born and raised
　3 bore and raised　　　　　4 to bear and raise

8. I had (　　) yesterday.
　1 steal my car　　　　　　2 been stolen my car
　3 my car stolen　　　　　　4 the stolen car

9. I would like you to catch the bus (　　) at five tomorrow afternoon.
　1 leave　　　2 being left　　　3 is leaving　　　4 leaving

10. I couldn't make myself (　　) to him in English.
　1 understanding　　　　　2 to understand
　3 understood　　　　　　4 understand

11. He listened to my account with (　　).
　1 his closed eyes　　　　　2 closing his eyes
　3 his eyes closed　　　　　4 having his eyes closed

12. I noticed (　　) the house.
　1 he leaving　　2 him leaving　　3 him to leave　　4 of his leaving

演習問題のポイントと解説

7． | 解 説 | 選択肢から「生まれ育った作家」という意味を表す語(句)がくる。つまり、「生まれ育てられた作家」という受動的な意味である。これは主格の関係代名詞を用いて書き換えることができる：I know a Japanese novelist who was born and raised in France.

| 意 味 | 私はフランスで生まれ育った日本の作家を知っている。

| 解 答 | 2

8． | 解 説 | haveという動詞は「～される」という意味がある。選択肢を見て、「have＋目的語＋過去分詞」ならば、目的語を基準にして「目的語が～される」という受動的な関係を見抜く。

| 意 味 | 昨日、車を盗まれた。 | 解 答 | 3

9． | 解 説 | （　）はthe busという名詞を後ろから修飾していて、「バスが出発する」という能動の関係にある。

| 意 味 | 明日の午後五時に出発するバスに乗ってください。 | 解 答 | 4

10． | 解 説 | 動詞makeは「make＋人＋toなし不定詞」の形をとる第五文型の動詞であるが、問題文ではtoなし不定詞の代わりに過去分詞形がくる。というのは、myselfは「人間」ではなく、what I said「私が言ったこと」を意味している。つまり、myselfと（　）はwhat I said was understood.の意味である。

| 意 味 | 私の英語は彼に通じなかった。 | 解 答 | 3

11． | 解 説 | 問題文は前置詞withで導入されている付帯状況を表す独立分詞構文であることを見抜く。付帯状況の後ろには「名詞（目的語）＋分詞」の形が続く。分詞が現在分詞か過去分詞かは、withの目的語である名詞を基準にして能動的な意味か受動的な意味かで決まる。

| 意 味 | 彼は目を閉じたままで私の説明に耳を傾けた。 | 解 答 | 3

12． | 解 説 | 動詞noticeは知覚動詞で、「動詞＋目的語＋現在分詞／toなし不定詞」の構文をとる。

| 意 味 | 彼がその家を出ていくのに気づいた。 | 解 答 | 2

12. 比較

§1. 原級

チェック問題

He lay down not (　　) to sleep as to think.
1 so much　　2 so less　　3 as much　　4 much less

解説 この文の形はnot so much A as Bで、「AというよりはむしろB」となる。したがってこの構文はAよりもBを強めている。

意味 彼は眠るというよりも考えるために横になった。

解答 1

　比較には3つの形態があり、①「AはBと同じくらい〜だ」という同等比較を用いた原級、②「AはBよりも〜である」という表現をする比較級、そして③「Aは〜の中で一番だ」という最上級がある。

要点

①同等比較の構文は「as＋原級＋as」で表現する：She is as clever as I [me]. この「as＋原級＋as」の原級とは、形容詞および副詞の原級であり、文の述語動詞がbe動詞の場合には形容詞が置かれる：California is almost as large [×largely] as Japan.（カリフォルニアはほぼ日本と同じ大きさである）

②これに対して述語動詞が一般動詞の場合には副詞が来る：I met them as recently [×recent] as last week.（私はつい先週彼らに会った）

③否定の「AはBほど〜ではない」という劣勢比較の場合には「not as [so]＋原級＋as」を用いる：She is not as [so] clever as I [me].（彼女は私ほどりこうではない）

§2. 比較級

チェック問題

She likes science better than (　　) subject.
1 any more　　2 any other　　3 all the other　　4 all the more

解説　この文は「比較級＋than any other」の形で「他のどんな～よりも...」という意味で最上級と同じ意味になる。
意味　私は他のどんな科目より理科が好きだ。
解答　2

「AはBよりも～である」という優勢比較の「比較級＋than」：She is cleverer than I [me]. および、「AはBほど～ではない」という劣勢比較の「less＋原級＋than」の形態がある：She is less clever than I [me].（彼女は私ほど利口ではない）

要点
①ラテン語起源の比較級もしばしば見られ、その形容詞の語尾は-orとなっているのが特徴である。この場合thanの代わりにtoを用いる。したがって、-er than が -or to となる：be junior (senior) to「～より若い（年配だ）」、be prior to「～より先に」：This candidate is superior to [×than] that one.（この候補者はあの候補者よりすぐれている）
②「the＋比較級～of the two」「2つのうちで一方がより～」において、2者を比較して一方を選ぶ場合「the＋比較級」を用いる：This picture is the better of the two.（2つのうちでこの絵の方がよい）
③比較級を強調する場合にはその比較級の前にmuch, far, by far, stillなどが置かれる：This CD player is by far [much] the better of the two.（2つのうちでこのCDプレーヤーの方がずっとよい）

§3. 最上級

チェック問題

Jane was (　　　) when she was with her husband.
1 the happier　　2 the happiest　　3 most happy　　4 happiest

解説　「同一人(物)の性質や状態」についての比較を表す形容詞が補語の場合には、theをつけない点に注意を要する。

意味　ジェーンは夫と一緒にいるときが一番幸せだった。

解答　4

　三者以上を比較してその程度が最も高いことを表し、「the＋最上級＋in [of／among／関係代名詞節]」の形で表す：He is the tallest boy in his class.（彼はクラスで最も背が高い少年だ）

要点

①最上級にはtheがつきものだが、他のものと比較しないで、同一人(物)において程度が高いことを意味する用法もある：The lake is deepest [×the deepest] at the point.（この湖はこの地点が最も深い）

②上記の例に見られるように、同一人(物)の性質や状態についてのべる形容詞が補語の位置にくる場合にはtheをつけない：Ann feels happiest when she is cooking.（アンは料理をしているときが一番幸せだ）

③最上級を強める語句には、much, far, by far, veryなどがある。veryの場合には「the＋very＋最上級」の語順になる：She is the very best player on the team.（彼女はそのチームで最もずばぬけて優れた選手です）

§4. 比較の重要構文

> **チェック問題**
> (　　) is farther from my mind than the idea of marrying Tim.
> 1 The last　　2 The least　　3 Nothing　　4 None

解説　この文はNothing is [can be] farther from one's mind [thoughts] (than～)の構文で、「(～などは)少しも考えていない」の意味。

意味　ティムと結婚しようなどとは少しも考えていない。

解答　3

1. 「(two)times as＋原級＋as ～」(～の(2)倍)
   She has two times [twice] as many CDs as I. (彼女は私の2倍のCDをもっている)／We live in a house half as large as this. (私たちはこの半分の大きさの家に住んでいる)

2. 「the＋比較級～, the＋比較級...」(～すればする程ますます...)
   The further south you go, the warmer it becomes. (南へ行けば行くほど、暖かくなる)

3. 「all the＋比較級～」(～のためにそれだけますます...)
   She got all the angrier for my silence. (彼女は私がだまっていたのでよけいに腹を立てた)

> **要点**
> 「Nothing is so＋原級＋as ～」＝「Nothing is＋比較級＋than ～」(～ほど...なものはない)：Nothing is so precious as time.＝Nothing is more precious than time. (時間ほど貴重なものはない)

演 習 問 題

次の **1** から **12** までの（　　　）に入れるのに最も適切なものを 1, 2, 3, 4 の中から一つ選び、番号で答えなさい。

1． The fighting must be brought to an end as soon as (　　　).
　　1 positive　　　　2 positively　　　3 possible　　　4 possibly

2． The U.S. is about twenty-five (　　　) big as Japan in area.
　　1 as times　　　　2 as time　　　　3 time as　　　　4 times as

3． I like him all (　　　) because he has faults.
　　1 the better　　　2 the best　　　　3 the more　　　4 the most

4． The tulip is (　　　) beautiful of the two flowers.
　　1 more　　　　　2 most　　　　　　3 the more　　　4 much

5． (　　　) had I hung up than the phone started ringing again.
　　1 No less　　　　2 No more　　　　3 No further　　　4 No sooner

6． I (　　　) not do a thing at all than do it badly.
　　1 would　　　　　2 would more　　　3 would rather　　4 would likely

演習問題のポイントと解説

1. **解説** 問題の部分はas soon as possible（＝as soon as＋人＋can）で「できるだけ早く」の意味。
   意味 その戦いは一刻も早く終わらせねばならない。　**解答** 3

2. **解説** 「～倍」という場合に同等比較（as～as）の前にtwiceあるいはthree timesなどの「倍数詞」を置く。
   意味 アメリカは面積が日本の約25倍ある。　**解答** 4

3. **解説** この文の形は「all the better because [for]～」で、意味は「～のためにかえって（なおさら）よく」となる。
   意味 彼には欠点があるからかえって好きです。　**解答** 1

4. **解説** 問題の部分は２つの物の比較で、この２つの物の比較には比較級を用いる。ここでは「the＋比較級～of the two...」となる。
   意味 ２つの花の中ではチューリップの方が美しい。　**解答** 3

5. **解説** この文の形は「no sooner～than...」で、意味は「～するとすぐに...」となる。文頭に否定語がきて倒置になっているので注意する。
   意味 電話を切ったとたんにまた鳴りだした。　**解答** 4

6. **解説** この文の形は「would rather A than B」で、意味は「BよりもむしろAがしたい」である。would ratherとthanを結び付ける。
   意味 へたにやるくらいなら最初からしないほうがましです。
   　解答 3

143

演 習 問 題

7. The older we grow,(   ) forgetful we become.
　　1 the more　　　2 the less　　　3 the better　　　4 the worse

8. The sea was getting rough, and what was (   ), the engine wasn't working well.
　　1 bad　　　　　2 worse　　　　3 worst　　　　　4 the worst

9. This is the third (   ) river in Japan.
　　1 longest　　　2 longer　　　　3 long　　　　　　4 longer than

10. The woman was none (   ) for the traffic accident.
　　1 bad　　　　　2 worst　　　　3 the worst　　　　4 the worse

11. I didn't want to work with her, but I made (   ) of it.
　　1 best　　　　2 the best　　　3 most　　　　　　4 the most

12. She would be (   ) person to speak badly of her boss.
　　1 the least　　2 the last　　　3 no other　　　　4 none of

演習問題のポイントと解説

7. **解説** この文の形は「the＋比較級～, the＋比較級～」で、意味は「～すればするほどますます～」となる。
意味 我々は年を取れば取るほど忘れっぽくなる。　**解答** 1

8. **解説** 問題の部分はwhat was worseで、意味は「そのうえ悪いことに」となる。この形では比較級のworseが用いられる。
意味 海が荒れてきた、なお悪いことにエンジンの調子が悪かった。
解答 2

9. **解説** 問題になっているのは「...番目に」をどのように表すかであるが、これは「the＋序数＋最上級」で表す。
意味 これは日本で3番目に長い川です。　**解答** 1

10. **解説** この文の形は「none the＋比較級＋for～」で、意味は「～にもかかわらず相変わらず同じで」となる。したがってここは「the＋比較級」になる。
意味 その婦人は交通事故にあっても何ともなかった。　**解答** 4

11. **解説** 問題の部分は「make the best of～」で、意味は「(不利な機会)を最大限に利用する、(与えられた条件など)に我慢する」である。
意味 私は彼女と一緒に仕事をやりたくなかったが、なんとか我慢してやった。　**解答** 2

12. **解説** この文の形は「the last～to do」で、意味は「決して～しそうもない（人・物）」となる。the lastは否定の意味で用いられる。
意味 彼女は上司の悪口など決して言いそうもない人だ。　**解答** 2

13. 関係詞

§1. 関係代名詞の機能

> **チェック問題**
> There are some words (　　　) are difficult to translate.
> 1 who　　　2 what　　　3 which　　　4 as

解説　先行詞が some words で物なので、関係代名詞は which あるいは that を選ぶ。

意味　翻訳するのが困難な言葉がいくつかある。

解答　3

　関係代名詞は直前の名詞を受ける代名詞の働きと、文と文をつなぐ接続詞の働きの両方の機能を合わせ持っている。またこの関係代名詞節は名詞（＝先行詞）の後に置かれて形容詞節を導き修飾要素になる。このように英語はまず名詞を置いて、それがどういうものかを後ろから説明して述べる後置修飾という形を取るのが特徴。

> **要点**
> ①関係代名詞の「代名詞＋接続詞」の機能
>   We know a lot of people who live in California.
>   （私たちはカリフォルニアに住む多くの人達を知っている）
>   ここで関係代名詞の直前に来る a lot of people を関係代名詞 who の先行詞という。
>   上の文は次の二つの文を合わせた文である。
>   We know a lot of people.＋They live in California.
> ②英文を読む際には関係代名詞の直前にくる先行詞をおさえることが大切。
> ③先行詞の性質によって関係代名詞を選ぶ。（→次のページを参照）

§2. 関係代名詞の種類

> **チェック問題**
> (　　　) surprized me most was a huge rock.
> 1 That　　2 What　　3 As　　4 Whatever

解説 問題の部分は「私を最も驚かせたもの」という意味で、先行詞を含む関係代名詞 what (＝that which) を用いる。

意味 私を最も驚かせたのは巨大な岩だった。

解答 2

関係代名詞の種類（who, which, that, what）

　関係代名詞は先行詞が人の場合who、物・動物の場合which、これら両方に用いられるthat、そして先行詞を含むwhatがある。

> **要点**
> ①先行詞が物 (which) の場合：Look at the house which stands on the hill.（丘の上に立っている家を見なさい）
> ②先行詞が物や人 (that) の場合：This is the picture that she painted. He is the greatest man that [×who] has ever lived.（彼はこれまで世に出たうちで最も偉大な人である）この文では先行詞が最上級であるからthatになる。
> ③先行詞が物で、all, only, the first, the same, そして形容詞の最上級などで修飾されている場合にはthatを用いる。
> ④先行詞が物の場合の関係代名詞はwhichとthatがあるが、口語ではthatの方がwhichよりも多く用いられる。
> ⑤先行詞を含む関係代名詞のwhat (＝the thing(s) which) は「もの、こと」と訳す：This is what [×that] he says.（これが彼の言っていることです）

§3. 関係代名詞の格

チェック問題

This school is only for children (　　　) first language is not English.
1 who　　　2 whose　　　3 whom　　　4 where

解説　先行詞はchildrenで、their (＝children's) first languageの働きをする所有格の関係代名詞のwhoseを選択する。

意味　この学校は第1言語が英語ではない子供達のためだけのものです。

解答　2

関係代名詞の格はその関係代名詞が後に導く節のなかでの役割に応じて、①主格、②所有格、③目的格の三つの格に分類される。

主格	所有格	目的格
who	whose	whom
which	whose, of which	which
that	―	that
what	―	what

要点

①主格：The girl who wrote that story has a good sense of humor.
（その物語を書いた少女は良いユーモア感覚の持ち主だ）
②所有格：The house whose roof is red was built ten years ago.（あの赤い屋根の家は10年前に建てられた）
③目的格の場合は一般に省略される：The car (which) he bought recently was stolen.（彼が最近買った車が盗まれた）

§4. 関係代名詞の二つの用法

> **チェック問題**
> The injured person, (　　　) leg had been broken, was carried away in an ambulance.
> 1 whom　　2 whose　　3 who　　4 whoever

解説 文中のlegは先行詞The injured personのlegであるから、関係代名詞は所有格を選択する。

意味 けがをした人は、足を骨折していて、救急車で運ばれた。

解答 2

　関係代名詞には、①先行詞を後置修飾する制限用法と、②コンマ(,)が置かれ、補足的に新たな情報を付け加える非制限用法とがある。

> **要点**
> 制限用法と非制限用法の違い
> ①He has two sons who are doctors.（彼には医者をしている2人の息子がいる）制限用法は後ろから訳す。
> ②He has two sons, who are doctors.（彼には2人の息子がいて、2人とも医者をしている）非制限用法はコンマで区切られているので、前から訳す。
> 　上の①と②の文を比較すると、①の制限用法には「医者をしている息子が2人いる。」と言って、最初から「医者」であるという情報が含められているため、医者をしていない他の仕事をしている息子がこの2人の息子以外にもいるかもしれないという言外の意味が取れる。②の非制限用法は前から順を追って訳すために継続用法とも言う。コンマの前で「彼には2人の息子がいる」と言い切っているので、彼には2人の息子しかいないと考えられ、「その息子は2人とも医者をしている」という新情報を加えている。

§5. 関係副詞の機能

> **チェック問題**
> This is ( ) the decision was reached.
> 1 why　　2 when　　3 where　　4 how

解説 先行詞はthe wayであるのでhowを選択する。この先行詞は省略される。how＝the way in which

意味 このようにしてその決定がなされた。

解答 4

関係副詞の機能は関係代名詞の場合と同様に、接続詞と副詞の両方の機能を合わせ持っている。

> **要点**
> ①関係副詞は関係副詞の直前に来る先行詞、つまり副詞(句)を受ける働きと、文と文をつなぐ接続詞の働きの両方の機能を合わせ持っている。
> The hotel where [×which] I stayed was very clean.
> ここで関係副詞の直前に来るThe hotelを関係副詞の先行詞という。
> この文は次の二つの文からなっている。
> The hotel was very clean.＋We stayed there.
> ②関係副詞と関係代名詞の違いを理解しよう。
> This is the house where [＝in which] we live.
> この文で関係代名詞を用いるには「前置詞＋関係代名詞」となって前置詞が必要になる。

§6. 関係副詞の種類

> **チェック問題**
> The place (　　) we spent our holidays was really wonderful.
> 1 that　　　2 what　　　3 when　　　4 where

解説　The placeはwasの主語であるが、we spent our holidaysをつなぐ役割と場所を表す副詞の働きをしているので、whereを選択する。
意味　私達が休暇をすごした場所は本当にすばらしかった。
解答　4

　関係副詞にはwhere, when, why, howの4つがあり、直前に置かれる先行詞によって関係副詞を選ぶ。

> **要点**
> 関係副詞は先行詞が①場所(the place, point, caseなど)を表すwhere、②時(the time, dayなど)を表すwhen、③理由(the reason)を表すwhy、そして④先行詞(the way)を伴って用いられないhowがある。
> ①How about that Italian restaurant where we had dinner before? (以前夕食を食べたあのイタリア料理のレストランはどうですか)
> ②There were times when she felt like crying. (彼女には泣きたいと思うときがあった)
> ③The reason why I came is complicated. (私が来た理由は複雑である)
> ④This is how the decision was reached. (これがその決定がなされた方法です)

§7. 関係副詞の二つの用法

> **チェック問題**
> In 1939, (　　　) World War II broke out, he was born in Hawaii.
> 1 where　　2 when　　3 which　　4 what

解説　この文の関係副詞の先行詞はIn 1939であるので、時を表すwhenを入れる。また関係副詞節の前後にコンマがあることから、非制限用法である。

意味　1939年に第二次世界大戦が起こった時、彼はハワイで生まれた。

解答　2

　関係副詞も関係代名詞と同様に、制限用法と非制限用法とがある。ただし、whyとhowには非制限用法はない。

> **要点**
> 制限用法の例は§5にあるので、ここでは非制限用法の例を取り上げる。次の①はwhereの例で、②はwhenの例。
> ①This morning she got on a bus, where she happened to meet her old friend. (今朝彼女はバスに乗ると、そこで旧友にばったり会った)／They went to San Francisco, where they stayed a week. (彼らはサンフランシスコへ行き、そこで1週間滞在した)
> ②October, when the harvest is gathered in, is an important month on this farm. (10月は収穫が行われるので、この農場では重要な月です)／We went to Hokkaido in July, when the weather was beautiful. (7月に北海道へ行ったが、そのとき天気はすばらしかった)

§8. 複合関係詞

> **チェック問題**
>
> Come to see me (　　) it is convenient for you.
> 1 whenever　　2 wherever　　3 whatever　　4 however

解説 文中のconvenientは「都合がよい」の意味で、物を主語に取る。空欄には「～するときはいつでも」のwhenever（＝at any time when）が入る。

意味 都合のよい時にいつでも私に会いに来なさい。

解答 1

　関係詞に-everがついたものを複合関係詞とよび、複合関係代名詞と複合関係副詞がある。

> **要点**
>
> ①複合関係代名詞にはwhoever (＝no matter who), whomever (＝no matter whom), whichever (＝no matter which), whatever (＝no matter what) がある：Whoever wants the book may have it.（その本が欲しい人は誰でももらえる）／Whichever you decide, we'll back you up.（どちらに決定しても、私達はあなたを応援します）／Whatever he may say, I'll not go there.（彼が何と言おうと、私はそこへ行かない）
>
> ②複合関係副詞にはwhenever (＝no matter when), wherever (＝no matter where), however (＝no matter how)がある：You will find him home whenever you (may) visit.（いつ訪問しても彼は家にいます）／However we do it, the effect will be the same.（どんなにやっても、その結果は同じだろう）

演 習 問 題

次の **1** から **12** までの（　）に入れるのに最も適切なものを1, 2, 3, 4の中から一つ選び、番号で答えなさい。

1. Take（　　）you like of these picture postcards.
　　1 whatever　　　2 however　　　3 whoever　　　4 wherever

2. He is（　　）is called a self-made man.
　　1 that　　　2 such　　　3 as　　　4 what

3. （　　）you have to do is to sign your name here.
　　1 As　　　2 When　　　3 All　　　4 Because

4. A woman,（　　）name I have forgotten, came to see you this morning.
　　1 that　　　2 whose　　　3 whatever　　　4 whom

5. Kyoto is the most beautiful city（　　）I have ever visited.
　　1 which　　　2 where　　　3 how　　　4 that

6. There was not a boy in the town（　　）was eager to see soccer games.
　　1 but　　　2 where　　　3 that　　　4 what

演習問題のポイントと解説

1. **解説** この文の意味は「好きなものを取りなさい」となっていることから、選択肢の中から「（〜する）もの（こと）は何でも」の意味のものを選ぶ。
   意味 これらの絵葉書のうちから何でも好きなものを取りなさい。
   解答 1

2. **解説** 問題になっているのは「what is called 〜（= what we call 〜）」で、意味は「いわゆる〜」となる。
   意味 彼はいわゆるたたき上げの成功者だ。
   解答 4

3. **解説** この文の形は「All you have to do is 〜」で、意味は「あなたは〜さえすればよい」となる。この文の述語はisである。
   意味 君はここに署名しさえすればよい。
   解答 3

4. **解説** 問題の部分はnameでこれはだれの名前かという点から、ここでは関係代名詞の所有格を補わなくてはならない。
   意味 名前は忘れてしまったが、ある女性が今朝あなたに会いにきました。
   解答 2

5. **解説** 問題の部分は先行詞に最上級があることで、先行詞が最上級の場合の関係代名詞はthatに限られるという点で要注意である。
   意味 京都は私が訪れた中で最も美しい都市です。
   解答 4

6. **解説** この文の形は「not 〜 but (that)...」で、意味は「...のない〜はない」になる。このbutは否定構文中の先行詞に呼応する。
   意味 町の少年でサッカーの試合をぜひ見たいと思わない者はいなかった。
   解答 1

演習問題

7. (　　) visits that old city will love it.
　　1 Where　　　2 What　　　3 However　　　4 Whoever

8. John's father died suddenly. That was (　　) he had to leave the university and go to work.
　　1 what　　　2 how　　　3 why　　　4 as

9. She is not such a woman (　　) will betray a friend.
　　1 that　　　2 who　　　3 whom　　　4 as

10. Reading is to the mind (　　) food is to the body.
　　1 whether　　　2 what　　　3 that　　　4 as well as

11. (　　) is often the case with students, Mike is fond of soccer.
　　1 As　　　2 What　　　3 When　　　4 Such

12. He spoke only French and Spanish, neither of (　　) languages I didn't understand.
　　1 that　　　2 whom　　　3 which　　　4 whose

演習問題のポイントと解説

7. **解説** まずAnyone who visitsと考える。次にwill loveの主語になるので「〜する人は誰でも」からWhoeverになる。
意味 その古い都市を訪れる人は誰でもそこが好きになる。

解答 4

8. **解説** 問題のThatで始まる文では、先行詞のthe reasonまたはwhyのいずれか一方が省略されることが多い。
意味 ジョンの父が急死した。それで彼は大学をやめて働かねばならなかった。

解答 3

9. **解説** この文の形はsuch〜as...の相関語句が骨組みになっていて、意味は「...のような〜」とasの後ろから前にかけて訳す。
意味 彼女は友人を裏切るような女ではない。

解答 4

10. **解説** この文の形は「A is to B what C is to D」となり、意味は「AとBの関係はCとDの関係に等しい」となる。
意味 読書が精神の栄養となるのは食物が身体の栄養となるのと同じ。

解答 2

11. **解説** この文の形は「as is often the case with〜」である。意味は「〜にはよくあることだが」となる。
意味 学生にはよくあることだが、マイクはサッカーが好きだ。

解答 1

12. **解説** 問題なのは「私はどちらもわからなかった」で、先行詞はFrench and Spanishで「どちらも〜ない」の「neither of which」の形にする。
意味 彼はフランス語とスペイン語しか話せなかったが、私はどちらもわからなかった。

解答 3

14. 接続詞

§1. 等位接続詞と従位接続詞の違い

> **チェック問題**
> Finish your homework, (　　　) I will take you to the department store.
> 1 and　　2 so　　3 or　　4 as

解説 文頭は命令文の「宿題をし上げなさい」で始まっている。この文は「命令(法)～and...」の構文で、意味は「～しなさい、そうすれば...」となる。

意味 宿題をし上げなさい、そうしたらデパートに連れて行ってやろう。

解答 1

接続詞の種類には2つあり、一つは等位接続詞(and, but, or, norなど)で句と句や節と節をつなぎ、たとえば節の場合には主語と述語からなる2つの節を対等の関係で接続する：I like coffee black, and she prefers it with cream. (私はコーヒーはブラックが好きで、彼女はクリームを入れるのが好きだ)

もう一つは従位接続詞で、主節のあとに名詞節や副詞節を導く従節がくる：If he were a Japanese, he would not have made such a mistake. (彼が日本人だったら、そんな間違いはしなかったであろう)

> **要点**
> ①等位接続詞は文法構造の違うものどうしは接続しない：She washed the dishes and she dried them [×and drying them]. (彼女はその皿を洗いそして彼女はそれらをふいた)
> ②従位接続詞は主語と述語からなる2つの節を主節と従節の関係で接続し、従節には名詞節や副詞節を導く：I will never forget the time when we first met. (私は私達二人が初めて会った時のことをけっして忘れないでしょう)

14. 接続詞／§1.等位接続詞と従位接続詞の違い　§2.名詞節を導くthat節

§2. 名詞節を導くthat節

> **チェック問題**
>
> In spite of the fact (　　　) he was ill, I went to visit him.
> 1 as　　　　2 unless　　　3 however　　　4 that

解説　問題になっているのはthe factで、これは「that～」の同格節を導く。In spite of～は「～にもかかわらず」の意味である。

意味　彼が病気であったにもかかわらず、私は彼を訪ねて行った。

解答　4

名詞節のthatではじまる節はおもに文の主語、補語、そして目的語として用いられる。またこのthatは同格名詞節を導く。

> **要点**
>
> ①That節は主語として：That he was in error was beyond doubt.（彼が間違っていることに疑問の余地はなかった）
>
> ②補語として：The chances are that our term will win.（たぶん私達のチームが勝つでしょう）
>
> ③目的語として：He insisted that educational equality should be given to all children.（彼は教育の機会は全ての子供たちに与えられるべきだと主張した）
>
> ④同格名詞節として：There is no possibility that Jim will succeed.（ジムが成功する可能性は全然ない）この「名詞＋that節」の名詞には他に、hope, idea, feeling, belief, decision, doubt, ground, opinion, promise, proposal, thoughtなどがある：Nothing can change my belief that John is right.（何があってもジョンが正しいという私の信念は変わらない）またこの同格節が同格の名詞と離れて置かれることがある：The chances are very good that he'll be promoted.（彼が昇進する見込はかなり有望だ）

§3. 副詞節を導く接続詞

> **チェック問題**
> We say this (　　　) because we are afraid of her.
> 1 all　　　2 almost　　　3 hardly　　　4 simply

解説 この文は「ただ〜の理由で」の意味になるので、becauseを修飾するのはsimply(＝only)である。

意味 私達は彼女のことを心配しているからこそこんなことを言うのだ。

解答 4

　副詞節には、時（when, while, before, since, as）、理由（because, since, as）、条件（if, unless）、譲歩（though, whether, however）の4種類がある。これらはみな従位接続詞である。

> **要点**
> ①時：It was past ten o'clock when we arrived in London.（私達がロンドンに着いた時はもう10時すぎだった）／Before you go we must tell you something.（あなたが出かける前に私達はあなたに言っておきたいことがあります）
> ②理由：Since she dosen't speak Japanese very well, we have trouble communicating.（彼女があまりよく日本語を話さないので、意思の疎通に難がある）
> ③条件：I will go there tomorrow unless it rains.（雨が降らない限り明日そこへ行きます）
> ④譲歩：Though I was invited, I didn't go.（私は招待されたけれども、行かなかった）／Please advise me whether I should agree to his proposal (or not).＝Please advise me whether to agree to his proposal (or not).（彼の提案に同意すべきかどうか私に教えて下さい）

§4. 接続詞の重要構文

(A) not only A but also B「AばかりでなくBも」
He not only does not work but he will not find a job.（彼は働かないばかりか、仕事を見つけようともしない）

(B) so～that...（such～that...）「とても～なので」
The box was so heavy (that) I could not move it.（その箱はとても重かったので動かすことはできなかった）
It was such a nice day that we decided to go for a drive into the country. 文頭のItは天気を表す形式主語である。a nice day を強める「such＋名詞＋that」の強調構文。（あまりによい天気だったので私たちは田舎へドライブに出かけることにした）

(C) Now that～「もう～だから」
Now that you are retired, you can travel more.（もうあなたは引退したので、もっと旅行することが出来ます）

(D) Scarcely (Hardly)～when...「～するとすぐに...する」
Scarcely had she boarded the train when it began to move.（彼女が列車に乗ったと思ったら、動きだした）

(E) It was not until～that...「～してはじめて...する」
It was not until she finished reading the book that she noticed who had witten it.（その本を読み終わって初めて、彼女はだれがその本を書いたのか分かった）

(F) in case～「～した場合は、～するといけないから」
In case there is an accident, report it to me at once.（事故が起こったらすぐに知らせなさい）
He left early in case that he should not be late.（彼は遅れないように早く出発した）

(G) lest (for fear)～ should「～するといけないから、～しないように」
Work quietly, lest you (should) disturb others.（他人の迷惑にならないように静かに仕事をしなさい）

演 習 問 題

次の **1** から **12** までの（　　）に入れるのに最も適切なものを1, 2, 3, 4 の中から一つ選び、番号で答えなさい。

1． They asked the teacher（　　）he liked soccer or not.
　　1 that　　　　2 whether　　　3 however　　　4 which

2． It was not long（　　）he became aware of the fact.
　　1 when　　　　2 except　　　　3 before　　　　4 unless

3． Now（　　）you are a university student, you must work harder.
　　1 that　　　　2 but　　　　　3 since　　　　　4 though

4． We got up earlier（　　）we miss the first train.
　　1 than　　　　2 that　　　　3 since　　　　　4 lest

5． Jane would have bought the painting but（　　）she had no money.
　　1 if　　　　　2 that　　　　3 though　　　　4 unless

6．（　　）she declines, she will never change her mind.
　　1 As　　　　　2 Once　　　　3 Though　　　　4 Since

演習問題のポイントと解説

1. **解説** 文中にaskedがあるので、疑問詞のwhetherをもってくる。この文の形は「whether～or not」で「～かどうか」の意味である。
   意味 彼らは先生にサッカーが好きかどうかたずねた。　**解答** 2

2. **解説** この文の形は「It was not long before～」で、この意味は「まもなく～」である。したがってbeforeを選択する。
   意味 まもなく彼はその事実に気がついた。　**解答** 3

3. **解説** 文頭に来ているNowがヒントになる。そうすると、この文で問われているのは「now that～」で、意味は「今はもう～であるから」である。
   意味 君ももう大学生なのだから、もっと一生懸命勉強しないといけない。　**解答** 1

4. **解説** この文の意味を考えると、「始発に乗り遅れないように」であるから、「lest～(should)＋原形」を用いる。
   意味 私達は始発列車に乗り遅れないように早く起きた。
   　解答 4

5. **解説** 問題の部分はbut thatで、これは「but that＝if～not＝unless」となり、意味は「～しなければ」である。このbut thatの従属節は直接法で、主節の方は仮定法になる。
   意味 ジェーンは金さえあればその絵を買っただろう。　**解答** 2

6. **解説** この文の意味を考えると、「彼女が断ったら～」となる。したがって、「いったん～すれば」のOnceを選択する。
   意味 彼女はいったん断ったら絶対に気持ちを変えやしない。
   　解答 2

演 習 問 題

7. We will go on a picnic, (　　) the weather is clear.
　　1 provided　　2 once　　3 unless　　4 whether

8. Take a sweater in (　　) the weather turns cold.
　　1 matter　　2 that　　3 which　　4 case

9. He thought she wouldn't mind, (　　) she didn't know about it.
　　1 because　　2 until　　3 so long as　　4 when

10. (　　) the weather may be, we'll start at five.
　　1 However　　2 Whatever　　3 Whether　　4 Though

11. Mary speaks French (　　) she writes it.
　　1 without　　2 except　　3 so long as　　4 as well as

12. Try (　　) I would, I could not remember his name.
　　1 but　　2 as　　3 if　　4 that

演習問題のポイントと解説

7. **解説** この文の意味を考えると、「天気がよければ〜」であるから、if (only) と同意の provided を選択する。
   意味 天気さえよければピクニックに行きます。
   解答 1

8. **解説** 文頭は命令文で始まっていて「セーターを持って行きなさい」で、あとのほうは「〜するといけないから」の in case 〜 をヒントにする。
   意味 寒くなるといけないからセーターを持って行きなさい。
   解答 4

9. **解説** 文の後半部分を「彼女はそのことを知りさえしなければ」ととらえると、「so (as) long as（＝if only）」が浮かぶ。
   意味 彼女はそのことを知りさえしなければ、気にならないだろうと彼は思った。
   解答 3

10. **解説** この文の意味は「天気がなんであれ〜出発する」であるから、Whatever を選択する。この Whatever は譲歩節を導く。
    意味 天気がどうであれ、私たちは5時に出発する。
    解答 2

11. **解説** 文の意味を考えてみると、「Bと同様にAも」のA as well as B を選択する。これを訳す場合にBの方から訳す点に注意する。
    意味 メアリーはフランス語を書くのと同じように話すのもうまい。
    解答 4

12. **解説** 文頭の意味は「いくら考えても」であるから、「〜だけれども」を意味する「〜as＋主語...」の構文を用いる。この構文では形容詞か副詞、または動詞を文頭に置くことが出来る。
    意味 いくら考えても私は彼の名前を思い出せなかった。
    解答 2

Ⅱ部　熟語

15. 一般動詞を用いた熟語100

PART-1

☐ call for「〜を要求する」＝request, demand
☐ call off「〜を中止する」＝cancel
☐ call up「〜に電話する」＝telephone

☐ catch a glimpse of「〜をちらっと見る」＝glance
☐ catch hold of「〜をつかまえる」＝seize
☐ catch sight of「〜を見る」＝find, see
☐ catch up with「〜に追いつく」＝overtake, reach

☐ come about「〜が起こる」＝happen, occur
☐ come across「〜と偶然出会う」＝encounter
☐ come home to「〜にしみじみこたえる」
☐ come into「(場所・状態)〜に入る、〜を引き継ぐ」
☐ come near [close] to 〜ing「もう少しで〜するところだ」
☐ come to life「〜が生き生きしてくる」
☐ come true「〜が実現する」
☐ come up to「〜に近づく」＝approach
☐ come up with「〜が浮かぶ、発表する」＝hit on

☐ cut down on「〜を減じる」＝reduce
☐ cut in「〜を中断する」＝interrupt
☐ cut out [off]「〜を止める」＝stop

☐ do away with「〜を廃止する」＝abolish
☐ do one's good「人の役に立つ」
☐ do me a favor「お願いをする」
☐ do without「〜なしですませる」

15. 一般動詞を用いた熟語100・PART-1

- ☐ get along with「〜とうまくやる」
- ☐ get in touch with「〜と接触する」＝contact
- ☐ get on one's nerves「人の神経にさわる」＝annoy
- ☐ get over「〜から回復する、〜に打ち勝つ」＝recover, overcome
- ☐ get rid of「〜を除く」＝eliminate
- ☐ get the better of「〜を負かす」＝defeat
- ☐ get through「〜を終える」＝finish
- ☐ get together「集まる」＝assemble

- ☐ go into「〜をよく調べる」＝investigate
- ☐ go into business「実業界に入る」
- ☐ go over「〜を調べる」＝examine
- ☐ go through「〜を経験する」＝experience
- ☐ go through with「〜を成し遂げる」＝complete
- ☐ go with「〜に適合する」＝fit, suit

- ☐ have a narrow escape「九死に一生を得る」
- ☐ have an eye for「〜を見る目がある」
- ☐ have an influence on「〜に影響する」
- ☐ have contact with「〜と接触がある」
- ☐ have something to do with「〜と関係がある」

- ☐ hold out「〜を差し出す」＝stretch
- ☐ hold over「〜を延期する」＝postpone
- ☐ hold the line (please)「電話を切らずにお待ち下さい」
- ☐ hold up「〜を遅らせる」＝delay

- ☐ look after「〜の世話をする」＝take care of
- ☐ look away from「〜から目をそらす、よそ見する」
- ☐ look down on「〜を軽蔑する」＝despise
- ☐ look forward to (〜ing)「〜を心待ちにする」＝expect
- ☐ look into「〜を調査する」＝investigate, examine

- ☑ look over「〜をざっと目を通す」= check, examine
- ☑ look up to「〜を尊敬する」= respect

- ☑ make a fuss「大騒ぎする」
- ☑ make an appointment with「〜と会う約束をする」
- ☑ make believe「〜のふりをする」= pretend
- ☑ make for「〜の方へ進む」
- ☑ make fun of「〜をからかう」= ridicule
- ☑ make good「〜をうまくやる」= succeed
- ☑ make haste「急ぐ」= hurry up
- ☑ make it「成功する、間に合う」
- ☑ make it a rule to do「〜することにしている」
- ☑ make much of「〜を重んじる」
- ☑ make no difference「〜は重要ではない、〜は問題ではない」
- ☑ make out「〜を理解する」= understand
- ☑ make room for「〜に場所(席)をあける」
- ☑ make up for「〜を埋め合わせる」= compensate for
- ☑ make use of「〜を利用する」= utilize
- ☑ make yourself at home「楽にする、くつろぐ」

- ☑ put off「〜を延期する」= postpone
- ☑ put out「〜を消す」= extinguish
- ☑ put up at「〜に宿泊する」
- ☑ put up with「〜に耐える」= endure, stand, tolerate
- ☑ put 〜 in order「〜を整理する」
- ☑ put 〜 into practice「〜を実行に移す」

- ☑ run across「〜に偶然出会う」= encounter
- ☑ run out of「〜が切れる」
- ☑ run over「〜を(車で)ひく」
- ☑ run short of「〜が足りなくなる」
- ☑ run the risk of 〜 ing「〜の危険をおかす」

15. 一般動詞を用いた熟語100・PART-1

- ☑ set aside「〜をたくわえる」＝reserve, save
- ☑ set in「〜が始まる」＝start
- ☑ set out「〜を始める」＝start
- ☑ set up「〜を設立する」＝establish

- ☑ stand by「〜を支持する」＝help, support
- ☑ stand for「〜を表す、〜の略語である」
- ☑ stand out「目立つ、主張する」
- ☑ stand up for「〜を保護する」＝defend

- ☑ take advantage of「〜を利用する」＝utilize
- ☑ take A for B「AをBと思う(間違える)」
- ☑ take after「〜に似ている」＝resemble
- ☑ take care of「〜の世話をする」＝look after
- ☑ take in「〜をだます」＝deceive
- ☑ take it for granted that「〜を当然のことと思う」
- ☑ take 〜 into account＝take into account 〜「〜を考慮する」＝consider
- ☑ take on「〜を雇う」＝employ
- ☑ take part in「〜に参加する」＝join, participate in
- ☑ take pride in「〜を誇りに思う」
- ☑ take shape「〜が形をなす、〜が具体化する」
- ☑ take sides with「〜を支持する」＝support

演習問題

次の1から20までの（　）に入れるのに最も適切なものを1, 2, 3, 4の中から一つ選び、番号で答えなさい。

1. I caught (　) of a rope and saved myself.
   1 blow　　　2 hold　　　3 seize　　　4 help

2. When did the CD player (　) into common use?
   1 come　　　2 take　　　3 set　　　4 keep

3. Your carelessness came (　) to causing a disaster.
   1 along　　　2 near　　　3 apart　　　4 across

4. His recent sales never come (　) to our expectations.
   1 on　　　2 round　　　3 up　　　4 over

5. I'll get in (　) with him by phone on arriving in Sydney.
   1 case　　　2 turn　　　3 touch　　　4 sight

6. He managed to get (　) with his work.
   1 along　　　2 through　　　3 over　　　4 up

7. The detective (　) into the murder case.
   1 went　　　2 held　　　3 brought　　　4 carried

8. I had a narrow (　) from the fire.
   1 evade　　　2 exclude　　　3 miss　　　4 escape

9. (　) the line, please. I'll call her to the phone.
   1 Keep　　　2 Hang　　　3 Reserve　　　4 Hold

演習問題のポイントと解説

1. **解説** catch hold of「～をつかまえる」＝seize
   意味 私はロープにつかまり命拾いした。　　　　**解答** 2

2. **解説** come into「(場所・状態が)～に入る、～を引き継ぐ」
   意味 CDプレーヤーはいつ一般に使われるようになりましたか。
   　　　　　　　　　　　　　　　　　　　　　　　　解答 1

3. **解説** come near [close] to ～ing「もう少しで～するところだ」
   意味 あなたの不注意のせいでもう少しで災害を引き起こすところだった。　　　　　　　　　　　　　　　　　　　　**解答** 2

4. **解説** come up to「～に達する、～近づく」＝approach
   意味 彼の最近の売り上げは決して我々の期待に添わない。
   　　　　　　　　　　　　　　　　　　　　　　　　解答 3

5. **解説** get in touch with「～と接触する」＝contact
   意味 私はシドニーに着いたら電話で彼に知らせます。　**解答** 3

6. **解説** get along with「～とうまくやる」、manage to do「どうにか～する」
   意味 彼はどうにか仕事をうまくやりとげた。　　　　**解答** 1

7. **解説** go into「～をよく調べる」＝investigate
   意味 その刑事は殺人事件をよく調べた。　　　　　　**解答** 1

8. **解説** have a narrow escape「九死に一生を得る」
   意味 私はその火事で九死に一生を得た。　　　　　　**解答** 4

9. **解説** hold the line, (please)「電話を切らずにお待ち下さい」
   意味 どうぞ電話を切らずにお待ち下さい。彼女とかわります。
   　　　　　　　　　　　　　　　　　　　　　　　　解答 4

173

演習問題

10. I'm looking forward (　　) from you soon.
　　1 to hear　　2 to hearing　　3 on hear　　4 on hearing

11. The man was looked up (　　) as a genius.
　　1 for　　2 in　　3 to　　4 on

12. We would like to make an (　　) with Mr.John at 3p.m. on the 15th.
　　1 appointment　　2 arrangement
　　3 appeal　　4 announcement

13. I make it a (　　) never to speak ill of others.
　　1 room　　2 rule　　3 use　　4 evil

14. It makes no (　　) whether or not he takes part in.
　　1 question　　2 affair　　3 concern　　4 difference

15. I cannot (　　) up with this traffic noise any more.
　　1 catch　　2 make　　3 put　　4 keep

16. She was fast in putting her idea into (　　).
　　1 truth　　2 practice　　3 reality　　4 presence

17. I won't run the (　　) of making an enemy of him.
　　1 risk　　2 danger　　3 peril　　4 venture

18. She tried to set (　　) part of her income.
　　1 beside　　2 against　　3 forward　　4 aside

19. EC (　　) for European Community.
　　1 represents　　2 stands　　3 shows　　4 expresses

20. We have to take into (　　) the fact that he is young.
　　1 attention　　2 account
　　3 relation　　4 comprehension

演習問題のポイントと解説

10. 解説　look forward to ～ing「～を心待ちする」＝expect
意味　私はあなたからすぐにご返事を頂けることを心待ちにしています。
解答　2

11. 解説　look up to「～を尊敬する」＝respect
意味　その人は天才として尊敬された。
解答　3

12. 解説　make an appointment with「～と会う約束をする」
意味　私達は15日の午後3時にジョンさんと会う約束を取りたい。
解答　1

13. 解説　make it a rule to do「～することにしている」
意味　私は他人の悪口を決して言わないことにしている。
解答　2

14. 解説　make no difference「～は重要ではない、～は問題ではない」
意味　彼が参加するかしないかは問題ではない。
解答　4

15. 解説　put up with「～に耐える」＝endure, stand, tolerate
意味　私はこの車の騒音にこれ以上耐えられない。
解答　3

16. 解説　put＋O＋into practice「～を実行に移す」
意味　彼女はすぐに自分の考えを実行に移した。
解答　2

17. 解説　run the risk of ～ing「～の危険をおかす」
意味　私は彼を敵にまわす危険をおかさないでしょう。
解答　1

18. 解説　set aside「～を蓄える」＝reserve, save
意味　彼女は収入の一部を貯金しようとした。
解答　4

19. 解説　stand for「～を表す、～の略語である」
意味　ECはEuropean Community（ヨーロッパ共同体）を表す。
解答　2

20. 解説　take into account ～ ＝take ～ into account「～を考慮する」
＝consider
意味　私達は彼が若いという事実を考慮に入れなければならない。
解答　2

16. 一般動詞を用いた熟語100

PART-2

☑ account for「～を説明する」＝explain
☑ accuse A of B「AをBで非難する」
☑ add to「～を増す, 加える」＝increase
☑ amount to「総計～になる」＝total
☑ apply for「～を申し込む」
☑ apply to「～に当てはまる」

☑ bear ～ in mind「～を心にとめる」＝remember
☑ blame A for B「AをBで責める」
☑ blow up「～を爆破する」＝explode
☑ break in on「～の邪魔をする」＝interrupt
☑ break down「～が故障する」
☑ break out「～が起こる」＝happen, occur

☑ bring about「～を引き起こす」＝cause
☑ bring out「～を発行する」＝publish
☑ burst out ～ing「突然～しだす」
☑ care for「～を好む」＝like
☑ carry out「～を実行する」＝accomplish, perform, execute
☑ compare A to B「AをBにたとえる」

☑ concentrate on「～に集中する」
☑ consist of「～からなる」
☑ contribute to「～に貢献する」
☑ cope with「～に対処する」
☑ count on「～に頼る」＝rely on
☑ deal in「～を商う」＝sell

16. 一般動詞を用いた熟語100・PART-2

- ☑ depend on「～に依存する」
- ☑ deprive A of B「AからBを奪う」
- ☑ derive A from B「AをBから引き出す」
- ☑ die of「～で死ぬ」
- ☑ differ from「～と異なる」
- ☑ dispense with「～なしですます」

- ☑ divide A into B「AをBに分ける」
- ☑ devote oneself to「～に身を捧げる」
- ☑ earn one's living「生計を立てる」
- ☑ exchange A for B「AをBと交換する」
- ☑ excuse A for B「Bに対してAを許す」

- ☑ fall out with「～と口論する」＝quarrel with
- ☑ figure out「～がわかる、～を計算する」＝understand, calculate
- ☑ fill out「～を満たす、に記入する」
- ☑ find fault with「～のあら捜しをする」＝criticize
- ☑ give one's best regards to「～によろしく伝える」
- ☑ give in「～に屈する」＝surrender

- ☑ give rise to「～を引き起こす」＝cause
- ☑ graduate from「～を卒業する」
- ☑ hand in「～を提出する」＝submit
- ☑ hand out「～を配る」＝distribute, deliver
- ☑ help A with B「AのBを助ける」

- ☑ indulge in「～にふける」
- ☑ inform A of B「AにBを知らせる」
- ☑ lay off「～を一時解雇する」
- ☑ learn ～ by heart「～を暗記する」＝memorise
- ☑ leave off「～をやめる, 中止する」＝stop
- ☑ leave out「～を省略する」＝omit

177

- [ ] let down「〜を失望させる」＝disappoint
- [ ] let out「〜を漏らす」＝disclose
- [ ] live on「〜を主食とする」
- [ ] lose one's temper「〜が怒る」＝get angry
- [ ] lose one's way「〜に迷う」＝get lost

- [ ] major in「〜を専攻する」
- [ ] manage to do「どうにか〜する」
- [ ] occur to「〜の心に思い浮かぶ」
- [ ] owe A to B「AはBのおかげだ」
- [ ] pass away「〜が亡くなる」＝die
- [ ] pass over「〜を無視する」＝ignore

- [ ] pay attention to「〜に注意を払う」
- [ ] pick out「〜を選ぶ」＝choose, select
- [ ] pick up「〜を拾う」
- [ ] play a role「役割を果たす」
- [ ] prefer A to B「BよりAが好きだ」
- [ ] present A with B「AにBを贈る」

- [ ] prevent A from B「AがBするのを妨げる、AがB出来ない」
- [ ] protect A from B「AをBから守る」
- [ ] provide A with B「AにBを与える」
- [ ] read between the lines「行間を読む」
- [ ] refer to「〜を参考にする」

- [ ] regard A as B「AをBと見なす」
- [ ] remind A of B「AにBを思い出させる」
- [ ] result from「〜から生じる」
- [ ] rob A of B「AからBを奪う」
- [ ] separate A from B「AとBを引き離す」
- [ ] set out「出発する」＝start

16. 一般動詞を用いた熟語100・PART-2

- [✓] shake hands with「〜と握手する」
- [✓] show off「〜を見せびらかす」
- [✓] show up「〜が現れる」＝appear
- [✓] sit up late at night「夜更かしする」
- [✓] speak ill of「〜を批判する」＝criticize
- [✓] speak well of「〜を誉める」＝praise

- [✓] stand out「目立つ」
- [✓] succeed in「〜に成功する」
- [✓] succeed to「〜を引き継ぐ」＝inherit
- [✓] suffer from「〜に悩む、〜を病む」
- [✓] tell A from B「AとBを区別する」
- [✓] thank A for B「Bに対してAに感謝する」
- [✓] try on「〜を着てみる」

- [✓] touch on「〜に言及する」＝mention
- [✓] turn down「〜を拒否する」＝refuse
- [✓] turn out「(結局)〜であることがわかる」
- [✓] turn up「〜が現れる」＝appear
- [✓] wear out「〜をすり減らす、使い古す」＝exhaust
- [✓] work out「〜を解く」＝solve
- [✓] yield to「〜に屈する」

演習問題

次の **1** から **20** までの（　）に入れるのに最も適切なものを 1, 2, 3, 4 の中から一つ選び、番号で答えなさい。

1. The police asked him to (　) for his movements of that afternoon.
1 excuse　　　2 explain　　　3 seek　　　4 account

2. What she said before doesn't apply (　) single women.
1 for　　　2 to　　　3 with　　　4 into

3. I am sorry I break (　) on your talking abruptly.
1 into　　　2 to　　　3 in　　　4 down

4. Peace negociations between India and Pakistan (　) down again.
1 scared　　　2 broke　　　3 feared　　　4 shocked

5. This automobile company has recently (　) out a new kind of sports car.
1 brought　　　　　　2 drove
3 made　　　　　　　4 manufactured

6. Shakespeare compared the world (　) a stage.
1 with　　　2 for　　　3 into　　　4 to

7. This machine will (　) with the need of manual labor.
1 miss　　　2 cut　　　3 dispense　　　4 delete

8. She doesn't know how to (　) her living.
1 get　　　2 earn　　　3 catch　　　4 work

9. John (　) out with her over some trifling matter.
1 fell　　　2 flew　　　3 fought　　　4 quarreled

16. 一般動詞を用いた熟語100・PART-2／演習問題

演習問題のポイントと解説

1. **解説** account for「〜を説明する」= explain
   意味 その警官はその午後の行動について彼に説明を求めた。
   解答 4

2. **解説** apply to「〜に当てはまる、〜に関係する」
   意味 彼女が以前に言ったことは独身女性には当てはまらない。
   解答 2

3. **解説** break in on「〜を邪魔する」= interrupt
   意味 突然あなたがたのお話しの邪魔をしてすみません。
   解答 3

4. **解説** break down「〜が壊れる、〜が故障する」、negociations「条約」
   意味 インドとパキスタンの平和条約が再びご破算になった。
   解答 2

5. **解説** bring out「〜を発行する」、automobile「自動車」
   意味 この自動車会社は最近新しいタイプのスポーツカーを出した。
   解答 1

6. **解説** compare A to B「AをBにたとえる」
   意味 シェークスピアは世界を舞台にたとえた。
   解答 4

7. **解説** dispense with「〜なしですます」、manual labor「肉体労働」
   意味 この機械は肉体労働を必要としなくなるだろう。
   解答 3

8. **解説** earn one's living「生計を立てる」
   意味 彼女はどうやって生計を立てたらよいかわからなかった。
   解答 2

9. **解説** fall out with「〜と口論する」= quarrel with
   意味 ジョンはあるささいなことで彼女と口論した。
   解答 1

演 習 問 題

10. We can't (　　) out why Jane didn't tell the truth.
　　1 stand　　　　2 figure　　　　3 feel　　　　4 regard

11. Janet is always finding (　　) with her husband.
　　1 blame　　　　　　　　　　2 idiot
　　3 fault　　　　　　　　　　4 apprehension

12. Before the examination, the teacher (　　) out papers to all the students.
　　1 delivered　　　2 offered　　　3 afforded　　　4 handed

13. Mike decided to (　　) too freely in drink.
　　1 indulge　　　　2 spread　　　3 enjoy　　　　4 gratify

14. The company was obliged to lay (　　) workers because of a slump in business.
　　1 in　　　　　　2 on　　　　　　3 out　　　　　4 off

15. Karen entirely (　　) her temper with him.
　　1 angered　　　2 lost　　　　　3 grew　　　　4 took

16. The chairperson passed (　　) his question on purpose.
　　1 over　　　　　2 out　　　　　3 off　　　　　4 away

17. I was robbed (　　) my purse in a crowded train.
　　1 from　　　　　2 of　　　　　3 for　　　　　4 out

18. A really talented person doesn't (　　) off in company.
　　1 appear　　　　2 stand　　　　3 show　　　　4 look

19. The speaker wanted to (　　) on one more subject.
　　1 attach　　　　2 touch　　　　3 patch　　　　4 watch

20. It is a serious matter for them to (　　) out between themselves.
　　1 work　　　　　2 find　　　　　3 succeed　　　4 pass

16. 一般動詞を用いた熟語100・PART-2／演習問題

演習問題のポイントと解説

10. 解説　figure out「～がわかる、～を計算する」= understand, calculate
意味　私達はどうしてジェーンが真実を言わなかったかわからない。
解答　2

11. 解説　find fault with「～のあら捜しをする」= criticize
意味　ジャネットはいつも夫のあら捜しをする。
解答　3

12. 解説　hand out「～を配る、～を分配する」
意味　試験の前に、先生は問題用紙を学生全員に配った。
解答　4

13. 解説　indulge in「～にふける、～をほしいままにする」
意味　マイクは全く遠慮なしに酒にひたることに決めた。
解答　1

14. 解説　lay off「～を一時解雇する」、a slump in business「不況」
意味　その会社は不況のために労働者たちを一時解雇せざるを得なかった。
解答　4

15. 解説　lose one's temper「～は腹を立てる、～が怒る」= get angry
意味　カレンは完全に彼に腹を立てた。
解答　2

16. 解説　pass over「～を無視する」= ignore, on purpose「故意に」
意味　議長は故意に彼の質問を無視した。
解答　1

17. 解説　rob A of B「AからBを奪う」、purse「財布」
意味　私は込み合った電車の中で財布をとられた。
解答　2

18. 解説　show off「～を展示する、見栄を張る」= display
意味　本当に才能のある人は人前で見栄を張らない。
解答　3

19. 解説　touch on「～に言及する」= mention
意味　その講演者はもうひとつ話題に言及したかった。
解答　2

20. 解説　work out「～を解く」= solve
意味　彼らにとって自分たちで解決することがとても重要である。
解答　1

17. Be動詞で始まる熟語100

- [ ] be absorbed in「〜に夢中になる」= be lost in
- [ ] be abundant in「〜に富んでいる」= be rich in
- [ ] be accustomed to 〜ing [do]「〜に慣れている」= be used to 〜ing
- [ ] be acquainted with「〜と知り合いである」= be familiar with
- [ ] be anxious about「〜を心配する」
- [ ] be anxious for「〜を切望する」
- [ ] be anxious to do「〜したいと思う」= be eager to do

- [ ] be apt to「〜しがちである」
- [ ] be ashamed of「〜を恥ずかしく思う」
- [ ] be associated with「〜にかかわっている」
- [ ] be assured of「〜を確信している」
- [ ] be at a loss「当惑する」
- [ ] be at home with [in]「〜に精通している」= be familiar with

- [ ] be available to「〜の手に入る」
- [ ] be aware of「〜に気がついている」= be conscious of
- [ ] be based on「〜に基づいている」
- [ ] be bent on「〜しようと決心している」
- [ ] be beside the point「的はずれである」
- [ ] be blind to「〜に気づかない」
- [ ] be bound for「〜行きである」

- [ ] be careful of「〜に気をつける」
- [ ] be carried away「〜にうっとりする」
- [ ] be caught in「(雨などに)あう」
- [ ] be clear of「〜を免れている」
- [ ] be compelled to do「〜せざるをえない」= be obliged to do
- [ ] be composed of「〜から成る」= be made up of

17. Be動詞で始まる熟語100

☑ be concerned about「〜を心配している」
☑ be concerned with [in]「〜と関係がある」
☑ be conscious of「〜を自覚している」＝be aware of
☑ be considerate of「〜に思いやりがある」
☑ be consistent with「〜と一致している、調和している」
☑ be content with「〜に満足している」＝be satisfied with

☑ be contrary to「〜に反している」
☑ be convinced of「〜を確信する」
☑ be crazy about「〜に熱中している」＝be wild about
☑ be dependent on「〜に頼っている」⇔be independent of「独立している」
☑ be different from「〜と異なる」⇔be similar to「〜に似ている」

☑ be disappointed at「〜に失望する」
☑ be dressed in「〜を着ている」
☑ be due to「〜のためである」
☑ be endowed with「〜に恵まれている」
☑ be engaged in「〜に従事している」
☑ be essential to「〜に不可欠である」

☑ be equivalent to「〜に相当する」
☑ be expected to do「〜するはずである」
☑ be faced with「〜に直面している」
☑ be familiar to「〜に知られている」
☑ be familiar with「〜をよく知っている」＝be acquainted with

☑ be famous for「〜で有名である」＝be noted for, be well-known for
☑ be fed up with「〜にうんざりしている」
☑ be fit for「〜に適している」＝be suitable for
☑ be good for「〜に有効である」
☑ be grateful for「〜をありがたく思う」＝be thankful for
☑ be guilty of「〜の罪がある」

- ☑ be hard at「～に勤勉で」
- ☑ be hard on「～に厳しい」
- ☑ be ignorant of「～を知らない」
- ☑ be ill at ease「不安である」
- ☑ be in charge of「～の担当をしている」
- ☑ be in contact with「～と接触する」

- ☑ be in debt to「～に借りがある、恩義がある」
- ☑ be independent of「～から独立している」
- ☑ be indifferent to「～に無関心である」⇔ be interested in
- ☑ be in fashion「流行している」⇔ be out of fashion
- ☑ be in high spirits「上機嫌である」⇔ be in low spirits「不機嫌である」

- ☑ be in the habit of「～の習慣がある」
- ☑ be in time for「～に間に合う」⇔ be late for
- ☑ be made up of「～から成る」＝ be composed of
- ☑ be married to「～と結婚している」
- ☑ be obedient to「～に従順である」
- ☑ be on a diet「ダイエットをする」

- ☑ be on duty「勤務中である」
- ☑ be on good terms with「～と(仲の)よい間柄だ」⇔ be on bad terms with
- ☑ be on the point of「まさに～しようとしている」
- ☑ be obliged to do「～せざるをえない」＝ be compelled to do
- ☑ be opposed to「～に反対である」
- ☑ be patient with「～に対して我慢強い」

- ☑ be peculiar to「～に特有である」＝ be characteristic of
- ☑ be popular with「～に人気がある」
- ☑ be possessed of「～を所有している」
- ☑ be responsible for「～に責任がある」
- ☑ be reluctant to do「～するのをいやがる」⇔ be willing to do

17. Be動詞で始まる熟語100

- ☑ be satisfied with「〜に満足している」
- ☑ be second to none「だれにも劣らない」
- ☑ be sensitive to「〜に敏感である」
- ☑ be short for「〜の短縮形、省略である」
- ☑ be short of「〜が足りない」
- ☑ be subject to「〜を受けやすい」

- ☑ be sufficient for「〜に十分である」
- ☑ be suitable for「〜に適している」= be fit for
- ☑ be supposed to do「〜するはずである」= be expected to do
- ☑ be tired from「〜で疲れている」
- ☑ be tired of「〜に飽きている」= be weary of
- ☑ be to blame for「〜に責任がある」= be responsible for

- ☑ be true of「〜に当てはまる」
- ☑ be true to「〜に忠実である」
- ☑ be up to「〜しだいである」
- ☑ be used up「使い果たす」
- ☑ be well off「暮らし向きがよい」⇔ be badly off「生活が苦しい」
- ☑ be worthy of「〜にふさわしい、〜に値する」

演習問題

次の 1 から 20 までの（　）に入れるのに最も適切なものを 1, 2, 3, 4 の中から一つ選び、番号で答えなさい。

1. David was （　） about missing the last train.
   1 certain　　2 anxious　　3 curious　　4 account

2. We are all （　） of his innocence.
   1 assured　　2 assumed　　3 ashamed　　4 astonished

3. Jane was at a （　） for words to describe the sight.
   1 aware　　2 fit　　3 ease　　4 loss

4. Tapes and videos for language learning are （　） to all students.
   1 available　　2 grateful　　3 suitable　　4 worthy

5. The audience was carried （　） by their touching performance.
   1 away　　2 for　　3 with　　4 out

6. Tony is greatly （　） about their son's illness.
   1 absurd　　2 concerned　　3 urgent　　4 sensible

7. Nancy is not sufficiently （　） of others.
   1 consistent　　2 considerate　　3 conscious　　4 contrary

8. His behavior is not （　） with his words.
   1 cooperate　　2 constituent　　3 consistent　　4 content

9. My grandfather is familiar （　） many famous men.
   1 of　　2 from　　3 for　　4 with

10. We are （　） up with listening to her complaints.
    1 fed　　2 made　　3 refused　　4 inclined

演習問題のポイントと解説

1. **解説** be anxious about「〜を心配する」、miss は「乗り遅れる」
   意味 デイビッドは終電に乗り遅れはしないかと心配した。
   解答 2

2. **解説** be assured of「〜を確信している」、innocence は「無罪」
   意味 私達はみんな彼の無罪を確信している。　**解答** 1

3. **解説** be at a loss「〜に当惑する」、describe は「言い表す」
   意味 ジェーンはその光景を言い表す言葉にためらった。
   解答 4

4. **解説** be available to「(〜にとって)は利用できる、〜の手に入る」
   意味 言葉を学ぶためのテープやビデオは全ての学生が利用できる。
   解答 1

5. **解説** be carried away は通例受け身で用いられ「〜にうっとりする」
   意味 聴衆は彼らの感動的な演技にうっとりした。　**解答** 1

6. **解説** be concerned about「〜について心配している」
   意味 トニーは彼らの息子の病気を大変気にしている。　**解答** 2

7. **解説** be considerate of「〜に思いやりがある」、sufficiently「十分に」
   意味 ナンシーは他人に十分な思いやりがない。　**解答** 2

8. **解説** be consistent with「〜と一致している、〜と調和している」
   意味 彼の行動は言行と一致していない。　**解答** 3

9. **解説** be familiar with「〜をよく知っている」＝be acquainted with
   意味 私の祖父は多くの有名な人たちのことをよく知っている。
   解答 4

10. **解説** be fed up with「〜にうんざりしている」、complaints は「不平」
    意味 私達は彼女の不平を聞くのにうんざりしている。　**解答** 1

演 習 問 題

11. I'm very grateful to you （　　） your advice.
　　1 with　　　　2 for　　　　3 on　　　　4 in

12. James was ill at （　　） to hear the news.
　　1 common　　2 quick　　3 haste　　4 ease

13. Who is in （　　） of the office when the manager is away?
　　1 relation　　2 charge　　3 replace　　4 substitute

14. The small child walked home in high （　　）.
　　1 spirits　　2 manners　　3 vigor　　4 feelings

15. My mother is on good （　　） with my aunt.
　　1 relation　　2 terms　　3 respect　　4 regard

16. The grandmother was （　　） with the children for all day.
　　1 suitable　　2 pretty　　3 lovable　　4 patient

17. A taxi driver is （　　） for the safety of the passengers.
　　1 reluctant　　2 responsible　　3 sentiment　　4 cautious

18. Mankind is （　　） to the threat of natural disasters.
　　1 object　　2 fearful　　3 awful　　4 subject

19. The pension is not （　　） for living expenses.
　　1 full　　2 amply　　3 sufficient　　4 adequate

20. Who is to （　　） for the terrible accident?
　　1 blame　　2 accuse　　3 condemn　　4 rebuke

演習問題のポイントと解説

11. 解説　be grateful for「〜をありがたく思う」＝ be thankful for
　　　意味　私はあなたの忠告をたいへんありがたく思っている。
　　　　　　　　　　　　　　　　　　　　　　　　　　解答　2

12. 解説　be ill at ease「不安である、落ち着かない」
　　　意味　ジェームズはその知らせを聞き不安であった。　解答　4

13. 解説　be in charge of「〜を担当して、〜を管理している」
　　　意味　マネージャーが不在の時、誰がそのオフィスの責任者ですか。
　　　　　　　　　　　　　　　　　　　　　　　　　　解答　2

14. 解説　(be) in high [low] spirits「上機嫌 [不機嫌] である」
　　　意味　その小さな子供は上機嫌になって家へ歩いて帰った。
　　　　　　　　　　　　　　　　　　　　　　　　　　解答　1

15. 解説　be on good [bad] terms with「(仲の) よい [悪い] 間柄である」
　　　意味　私の母はおばと仲がよい。　　　　　　　　解答　2

16. 解説　be patient with「〜に対してがまん強い」
　　　意味　私の祖母は一日中子供たちに対して辛抱強かった。
　　　　　　　　　　　　　　　　　　　　　　　　　　解答　4

17. 解説　be responsible for「〜に責任がある」、passengersは「乗客」
　　　意味　タクシードライバーは乗客の安全に対して責任がある。
　　　　　　　　　　　　　　　　　　　　　　　　　　解答　2

18. 解説　be subject to「〜を受けやすい」、natural disasters「自然災害」
　　　意味　人類は自然災害の脅威に見舞われやすい。　解答　4

19. 解説　be sufficient for「〜に十分である」、pensionは「年金」
　　　意味　その年金では生活費に十分ではない。　　　解答　3

20. 解説　be to blame for「〜に責任がある」＝ be responsible for
　　　意味　誰にその重大事故の責任があるのか。　　　解答　1

18. 前置詞を用いた熟語100

- ☑ according to「～によれば、～に応じて」
- ☑ ahead of「～より前に」
- ☑ all of a sudden「突然に」＝suddenly
- ☑ apart from「～は別として」
- ☑ as a rule「概して」＝generally
- ☑ as a token of「～の印として」
- ☑ as for「(文頭で用いる)～について言えば、～に関する限りでは」

- ☑ at (the) best「いくらよく見ても、せいぜい」
- ☑ at any cost「どうしても」
- ☑ at any momemt「今にも、いつなんどきでも」
- ☑ at any rate「とにかく」
- ☑ at the cost of「～を犠牲にして」
- ☑ at the mercy of「～のなすがままに」

- ☑ at the risk of「～の危険をおかして」
- ☑ at the sight of「～を見て」
- ☑ behind one's back「ひそかに、かげで」
- ☑ behind the times「時代に遅れて」
- ☑ beside oneself with「～でわれを忘れて」
- ☑ by and large「概して」＝generally
- ☑ by accident(chance)「偶然に」＝unexpectedly

- ☑ by a hair('s)breadth「間一髪で」
- ☑ by all means「ぜひとも」
- ☑ by virtue of「～のおかげで」
- ☑ by degrees「じょじょに」＝gradually
- ☑ by means of「～によって」
- ☑ by mistake「誤って」

18. 前置詞を用いた熟語100

- [x] by nature「生まれつき」
- [x] by no means「けっして〜ない」
- [x] by oneself「ひとりで、単独で」＝alone
- [x] by turns「交替で」＝alternately
- [x] by way of「〜を経由して、〜のために」
- [x] except for「〜があるのを除いて」

- [x] far from 〜ing「けっして〜しない」
- [x] for a rainy day「まさかの時に」
- [x] for certain [sure]「確かに」
- [x] for fear of「〜を恐れて、〜しないように」
- [x] for good「永久に」＝forever
- [x] for lack(want) of「〜の不足のために」

- [x] for nothing「無料で」＝free
- [x] for one's age「年の割りには」
- [x] for oneself「独力で、自分で」
- [x] for the good of「〜のためになるように」
- [x] for the purpose of 〜ing「〜するために」

- [x] for the sake of「〜のために」
- [x] for the time being「当分の間」
- [x] from hand to mouth「その日暮らしで」
- [x] in accordance with「〜と一致して、〜に従って」
- [x] in addition to「その上に」＝besides

- [x] in advance「前もって」＝beforehand
- [x] in case of「〜の場合に」
- [x] in detail「詳細に」
- [x] in earnest「まじめに、本気に」
- [x] in exchange for「〜と交換に、〜と引き換えに」
- [x] in favor of「〜に賛成して」

- ☐ in honor of「〜に敬意を表して」
- ☐ in place of「〜の代わりに」
- ☐ in proportion to「〜に比例して」
- ☐ in [with] regard to「〜に関して」
- ☐ in search of「〜を求めて」
- ☐ in spite of「〜にもかかわらず」
- ☐ in spite of oneself「思わず」
- ☐ instead of「〜の代わりに」

- ☐ in terms of「〜の立場から、〜の点から」
- ☐ in the direction of「〜の方へ」
- ☐ in the face of「〜に直面して」
- ☐ in the long run「結局」＝ultimately
- ☐ in the presence of「〜の面前で」
- ☐ in time for「〜に間に合って」
- ☐ of itself「ひとりでに」

- ☐ on account of「〜のために」
- ☐ on a large [small] scale「大［小］規模に」
- ☐ on [in] behalf of「〜を代表して、〜のために」
- ☐ on business「商用で」
- ☐ on duty「勤務中で」
- ☐ on one's back「あお向けに」
- ☐ on one's way to「〜への途中で」

- ☐ on purpose「意図的に」＝intentionally
- ☐ on the contrary「それどころか」
- ☐ on the grounds that「〜の理由で」
- ☐ on the spot「即座に」＝immediately
- ☐ once and for all「はっきりと」＝definitely
- ☐ once in a while「時々」＝occasionally
- ☐ out of breath「息を切らして」＝breathless

18. 前置詞を用いた熟語100

- [x] out of order「故障して」
- [x] out of sight「見えない所に」
- [x] owing to「〜が原因で」
- [x] regardless of「〜に関係なく、にかまわず」
- [x] thanks to「〜のおかげで」
- [x] to one's disappointment「がっかりしたことに」

- [x] to one's heart's content「心ゆくまで」
- [x] to one's joy「うれしいことに」
- [x] to one's regret「残念なことに」
- [x] to one's surprise「驚いたことに」
- [x] to some extent「ある程度」

- [x] to the best of「〜の限りでは」
- [x] to the contrary「それと反対に」
- [x] to the letter「文字通りに、正確に」＝precisely
- [x] to the point「要領を得て、適切に」
- [x] with a view to「〜する目的で」
- [x] without fail「きっと、必ず」

演 習 問 題

次の**1**から**20**までの（　）に入れるのに最も適切なものを1, 2, 3, 4の中から一つ選び、番号で答えなさい。

1. All of a (　　) the harsh words came out of her father's mouth.
　1 haste　　　　2 world　　　　3 hurry　　　　4 sudden

2. He gave her a diamond ring as a (　　) of his love.
　1 happy　　　　2 toll　　　　3 token　　　　4 souvenir

3. The ship was at the (　　) of the storm and waves.
　1 cost　　　　2 mercy　　　　3 rate　　　　4 sacrifice

4. Jane speaks ill of him (　　) his back.
　1 behind　　　　2 within　　　　3 among　　　　4 from

5. The passengers and crew escaped death (　　) a hairbreadth.
　1 into　　　　2 by　　　　3 with　　　　4 on

6. Students should by all (　　) read the book.
　1 means　　　　2 need　　　　3 degrees　　　　4 measures

7. Bob succeeded by (　　) of hard work and efforts.
　1 virtue　　　　2 sight　　　　3 risk　　　　4 account

8. It's by no (　　) easy to learn a foreign language.
　1 miss　　　　2 means　　　　3 matters　　　　4 measures

9. Jim and I quarreled and I said good-by for (　　).
　1 good　　　　2 well　　　　3 nice　　　　4 forever

10. My grandfather looks young (　　) his age.
　1 from　　　　2 for　　　　3 as　　　　4 with

演習問題のポイントと解説

1. **解説** all of a sudden「突然に」＝suddenly
   意味 突然耳ざわりな言葉が彼女の父の口からでた。　**解答** 4

2. **解説** as a token of「～の印として」＝in token of
   意味 彼は愛の印としてダイヤの指輪を彼女に贈った。
   　解答 3

3. **解説** at the mercy of「～のなすがままになって」
   意味 その船はあらしと波にほんろうされた。　**解答** 2

4. **解説** behind one's back「密かに、陰で」、speak ill of「悪口を言う」
   意味 ジェーンは彼のいないところで彼の悪口を言う。　**解答** 1

5. **解説** by a hair('s) breadth「きわどい(間一髪の)ところで」
   意味 乗客と乗員は間一髪で死をのがれた。　**解答** 2

6. **解説** by all means「ぜひとも、どうしても」＝by any means(否定文で)
   意味 学生はぜひともその本を読むべきだ。　**解答** 1

7. **解説** by [in] virtue of「～のおかげで」、inの方がbyよりも堅い言い方
   意味 ボブは勤勉と努力のおかげで成功した。　**解答** 1

8. **解説** by no means「決して～でない」＝not at all
   意味 外国語を学ぶのは決して簡単ではない。　**解答** 2

9. **解説** for good (and all)「永久に」＝forever
   意味 私とジムは口論して私はもう永久にさよならだと言った。
   　解答 1

10. **解説** for one's age「年の割りには」、forは「～の割りには」の意味
    意味 私の祖父は年の割りには若く見える。　**解答** 2

197

演 習 問 題

11. Nancy came to Yokohama for the (　　) of getting a new job.
　　1 point　　　　2 aim　　　　3 purpose　　　4 object

12. I intend to stay at this hotel for the time (　　).
　　1 present　　　2 being　　　　3 again　　　　4 going

13. They are always living from hand to (　　) and never save money.
　　1 leg　　　　　2 head　　　　 3 finger　　　　4 mouth

14. You will succeed and win in the long (　　).
　　1 run　　　　　2 running　　　3 runner　　　　4 race

15. "I think he was angry." "On the (　　), he was pleased."
　　1 company　　 2 contrary　　　3 contract　　　4 control

16. Paul wants to quit his job on the (　　) of ill health.
　　1 cause　　　　2 virtue　　　　3 reason　　　　4 ground

17. Angela refused the request (　　) and for all.
　　1 once　　　　 2 often　　　　 3 again　　　　 4 only

18. I got a telephone call from him once in a (　　).
　　1 time　　　　 2 while　　　　 3 season　　　　4 whole

19. They cheered her to her heart's (　　).
　　1 content　　　2 plasure　　　 3 happiness　　 4 plenty

20. The manager will attend the meeting without (　　).
　　1 miss　　　　 2 failure　　　 3 fail　　　　　4 misfortune

演習問題のポイントと解説

11. 解説 for the purpose of ～ing「～するために」
意味 ナンシーは新しい仕事を探すために横浜に来た。　解答 3

12. 解説 for the time being「当分の間、さしあたり」
意味 私は当分の間このホテルに滞在するつもりだ。　解答 2

13. 解説 from hand to mouth「その日暮らしで、節約せずに」
意味 彼らはいつもその日暮らしでけっしてお金を貯めない。　解答 4

14. 解説 in the long run「結局」= ultimately
意味 あなたは結局成功し勝利を得るでしょう。　解答 1

15. 解説 on the contrary「それどころか、それに反して」
意味 「彼は怒っていたと私は思う。」「それどころか、彼は喜んでいた。」　解答 2

16. 解説 on the ground(s) of [that]～「～の理由で」
意味 ポールは病気の理由で仕事をやめたがっている。　解答 4

17. 解説 once and for all「はっきりと」= definitely
意味 アンジェラははっきりとその要求を断った。　解答 1

18. 解説 once in a while「時々」= occasionally
意味 私に彼から時々電話があった。　解答 2

19. 解説 to one's heart's content「心ゆくまで」
意味 彼らは彼女の心のゆくまでかっさいした。　解答 1

20. 解説 without fail「きっと、必ず」、このfailは名詞であることに注意する。
意味 その部長はきっとその会議に出席するでしょう。　解答 3

Ⅲ部　実践問題

19. 実践問題 1

問題

次の **1** から **25** までの（　）に入れるのに最も適切なものを 1, 2, 3, 4 の中から一つ選び、番号で答えなさい。

1. The baby's crying gets on my (　　) at midnight.
   1 heart　　　2 brain　　　3 mind　　　4 nerves

2. The price of the goods is (　　) at present.
   1 tall　　　2 high　　　3 expensive　　　4 up

3. My success was due to my (　　).
   1 industry　　2 industrious　　3 industrial　　4 industrialism

4. From the top of the Tokyo Tower can (　　) the whole city of Tokyo.
   1 see　　　　　　　　　2 be seen
   3 have seen　　　　　　4 have been seen

5. You have to study hard to (　　) up for lost time.
   1 keep　　　2 catch　　　3 take　　　4 make

問題のポイントと解説

1. **解説** 問題の部分はget on one's nervesで「人の神経にさわる、かんにさわる」(＝annoy)の意味。
意味 真夜中にその赤ちゃんの泣き声が私のかんにさわる。
解答 4

2. **解説** 「値段が高い」という場合に商品や物が主語の時にはexpensiveを用いるが、priceが主語の場合にはhighを用いる。
意味 その商品の値段は現在高い。
解答 2

3. **解説** 問題になっている「勤勉」の意味に当たるのはindustryで、be due to～は「～のおかげだ」の意味。
意味 私の成功は勤勉のたまものであった。
解答 1

4. **解説** この文は倒置文でしかも受け身形になっていて、the whole city of Tokyoが主語である。
意味 東京タワーのてっぺんから、東京の都市全体が見える。
解答 2

5. **解説** 問題の部分はmake up forで「～の埋め合わせをする」(＝compensate for)の意味。
意味 あなたは失った時間を取り戻すために一所懸命に勉強しなければならない。
解答 4

問題

6. She was just about to leave home, ( ) the telephone rang.
　1 when　　　2 where　　　3 why　　　4 that

7. We have been looking forward ( ) you.
　1 meeting　　2 to meet　　3 to meeting　　4 to have met

8. It is ( ) of her not to want to take the risk.
　1 sensual　　2 sensible　　3 sensitive　　4 sensibility

9. Jack remember ( ) heard about it.
　1 have　　2 having　　3 to have　　4 to have been

10. Let's take ( ) of the dry weather to paint the house.
　1 available　　2 accessible　　3 advantage　　4 account

11. No sooner had he left school ( ) he began to run home.
　1 as　　2 than　　3 while　　4 when

12. I would ( ) to the dinner party tonight.
　　1 rather not go　　　　2 rather not to go
　　3 not rather go　　　　4 not rather to go

19. 実践問題1

問題のポイントと解説

6. 解説　コンマのあとに続く非制限的用法の関係副詞で、「その時に電話のベルが鳴った」の意味からwhenを選ぶ。
意味　彼女はちょうど家を出ようとしていた、その時に電話のベルが鳴った。　　解答　1

7. 解説　熟語のlook forward to～ingではtoのあとには「名詞または動名詞」がくる、意味は「～を心待ちにする」。
意味　私達はかねがねあなたにお会いするのを心待ちにしていました。　　解答　3

8. 解説　この文は「It＋be動詞＋形容詞＋of～to do」の構文で、形容詞は「賢明な」の意味のsensibleを選択する。
意味　彼女が危険をおかしたがらないのは賢明である。　　解答　2

9. 解説　問題になっているのはremember～ingで「～したことを覚えている」の意味だが、remember to doは「～することを忘れない」になる。
意味　ジョンはそれについて聞いた覚えがある。　　解答　2

10. 解説　問題の部分はtake advantage of～(to do) で「～を利用して(…する)」(＝utilize) の意味。
意味　さあ乾燥した天気を利用して家にペンキを塗ろう。　　解答　3

11. 解説　この文は「No sooner had he＋過去分詞～than…」の構文で「～するとすぐに…する」の意味。
意味　彼は学校を出るとすぐに家に向かって走り出した。　　解答　2

12. 解説　問題になっているのはwould rather not～「むしろ～したくない」の意味で、[×would not rather]に注意。
意味　私は今晩ディナーパーティーには行きたくない。　　解答　1

問題

13. The doctor told her to cut (　　) on sweets.
　　1 off　　　　2 up　　　　3 down　　　　4 in

14. Bob's remarks are in (　　) with his belief.
　　1 according　　2 accordant　　3 accordance　　4 account

15. I had heard the doctor (　　) spoken of professionally.
　　1 good　　2 well　　3 great　　4 best

16. I met with the greatest difficulty (　　).
　　1 imaginary　　2 imaginable　　3 imaginative　　4 imagination

17. Mary felt ashamed because what she said seemed (　　) the point.
　　1 within　　2 beside　　3 among　　4 against

18. I wish she (　　) here yesterday.
　　1 was　　2 would be　　3 have been　　4 had been

19. Peter is in (　　) to the man for two thousand dollars.
　　1 loan　　2 credit　　3 charge　　4 debt

19. 実践問題1

問題のポイントと解説

13. **解説** 問題の部分はcut down onで「～を減らす、～を削減する」(＝reduce)の意味。

意味 その医者は甘い食べ物を減らすように彼女に言った。

解答 3

---

14. **解説** 「～に一致して」の意味の熟語はin accordance with ～で、accordanceを選択する。

意味 ボブが言っていることは彼の信念と一致している。

解答 3

---

15. **解説** 問題の部分はspeak well of「～を誉める」(＝praise)の意味で受け身になっている。

意味 その医者は専門的な評判が高いことを聞いた。

解答 2

---

16. **解説** 問題になっているのは「想像できる」の意味に該当するものは何かである。したがって語尾に「～able」がつく語がヒントになる。

意味 私はかつてない最大の困難にぶつかった。

解答 2

---

17. **解説** 問題の部分はbeside the pointで「的はずれ」(＝irrelevant)の意味。

意味 メアリーは自分が言ったことが的はずれであるように思えたので恥ずかしく思った。

解答 2

---

18. **解説** この文はまずI wishの仮定法の文で、次にyesterdayがあるので「仮定法過去完了形」である。

意味 昨日彼女がここに来ていたらなあ。

解答 4

---

19. **解説** 問題の部分はbe in debt toで「～に借りがある、～に恩義がある」の意味。

意味 ピーターはその男に2千ドルの借金がある。

解答 4

問題

20. The MD Player will not be (　　) until next March.
　　1 use　　　　　2 useful　　　　3 convenient　　4 available

21. John always saves a little extra money for a (　　) day.
　　1 stormy　　　2 rainy　　　　 3 cloudy　　　　4 snowy

22. Parents love the children, (　　) rough they are.
　　1 whenever　　2 wherever　　 3 however　　　4 whoever

23. Rosa is very shy in the (　　) of many strangers.
　　1 present　　　2 presence　　 3 preserve　　　4 presentation

24. (　　) you have a valid ID, you can access the Website.
　　1 As soon as　 2 Unless　　　 3 As long as　　4 However

25. The family is now far better (　　) than they were twenty years ago.
　　1 along　　　　2 out　　　　　3 upon　　　　　4 off

問題のポイントと解説

20. 【解説】「手に入る」の意味に該当するのはavailableで、この語は他に「利用できる」という意味でも用いられる。
【意味】そのMDプレーヤーは3月まで手に入らないでしょう。
【解答】 4

21. 【解説】問題の部分はfor a rainy dayで「まさかのとき」、saveは「貯金をする」の意味。
【意味】ジョンはいつもまさかのときのために備えて少し余分なお金を貯金している。
【解答】 2

22. 【解説】問題になっているのはrough「わんぱくな」を修飾する複合関係詞はどれなのかで、「どんなに～でも」の意味のhoweverを選択する。
【意味】子供がどんなにわんぱくでも親は彼らを愛する。
【解答】 3

23. 【解説】問題の部分はin the presence ofで「～の面前で、～に直面して」の意味。
【意味】ローザは多くの他人の前ではとても恥ずかしがりやである。
【解答】 2

24. 【解説】「～である限りは」の意味に相当するのはas long as～で、a valid IDは「有効な身分証明(書)」の意味。
【意味】有効な身分証明があれば、ウェブサイトにアクセス出来ます。
【解答】 3

25. 【解説】問題の部分はbe better [well] offで「暮らし向きがよい、裕福である」の意味。
【意味】その家族は今では20年前よりもはるかに裕福だ。
【解答】 4

20. 実践問題 2

問　　題

次の **1** から **25** までの（　）に入れるのに最も適切なものを 1, 2, 3, 4 の中から一つ選び、番号で答えなさい。

1. She went （　） many hardships when she was young.
　　1 through　　2 with　　3 ahead　　4 around

2. It was not （　） yesterday that he knew the news.
　　1 after　　2 before　　3 on　　4 till

3. We are （　） short of our pocket money.
　　1 falling　　2 making　　3 bringing　　4 running

4. They feared （　） the secret should be disclosed.
　　1 if　　2 whether　　3 lest　　4 least

5. The baseball game was （　） off because of rain.
　　1 called　　2 given　　3 stopped　　4 carried

6. She ordered the windows （　） yesterday.
　　1 to clean　　2 cleaned　　3 be cleaned　　4 to be cleaned

問題のポイントと解説

1. **解説** 問題になっているのはgo throughの熟語で「～を終える」(＝experience), hardshipsは「困難」の意味。
   意味 彼女は若いとき多くの困難を経験した。　　**解答** 1

2. **解説** 文頭のIt was [is] not till～that...は「～になって初めて...する」の意味。
   意味 彼は昨日になって初めてその知らせを知った。　**解答** 4

3. **解説** 問題の部分はrun short ofの現在進行形で、「～が足りなくなる」の意味。
   意味 私達はポケット・マネーが足りなくなっている。　**解答** 4

4. **解説** 文中のlest～should...は「～が...でないかと」、あるいは「～が...しないように」の意味。
   意味 彼らはその秘密が漏れるのではないかと心配した。　**解答** 3

5. **解説** 問題になっているのは熟語のcall offで「(予定の催し)を中止する」(＝cancel) の意味。
   意味 その野球の試合は雨のために中止になった。　**解答** 1

6. **解説** 問題になっているのは「order＋目的語＋to不定詞」であるが、目的語が物であるのでto不定詞は「受動態(to be＋過去分詞)」になる。
   意味 彼女は昨日窓をみがくことを命じた。　**解答** 4

211

問題

7. I wonder why my name was ( ) out on the list.
　　1 put　　　　2 given　　　　3 left　　　　4 revised

8. The law will come into ( ) on July 1.
　　1 operation　　2 action　　　3 practice　　　4 realization

9. Upon her father's death, Elizabeth Ⅱ succeeded ( ) the throne.
　　1 to　　　　　2 in　　　　　3 as　　　　　4 of

10. I had it in ( ) to initiate the talks with them.
　　1 help　　　　2 decision　　3 sense　　　　4 mind

11. His position is equivalent ( ) the presidency in a U.S. corporation.
　　1 of　　　　　2 to　　　　　3 for　　　　　4 with

12. When in Rome ( ) the Romans do.
　　1 as　　　　　2 do as　　　　3 such as　　　4 the same as

13. How I wish I ( ) my youth again.
　　1 enjoy　　　　2 enjoyed　　　3 can enjoy　　4 could enjoy

20. 実践問題2

問題のポイントと解説

7. **解説** 文頭のI wonder why〜は「〜かな(だろう)と思う」、またput outは「〜を消す」(= extinguish) の意味。
意味 どうして自分の名前が名簿から消されたのだろう。
解答 1

8. **解説** 文中の熟語のcome [go] into operationは「実施(施行)される」の意味。
意味 その法律は7月1日に施行される。　**解答** 1

9. **解説** 文頭のUpon〜は「〜するとすぐに」、succeed toは「〜を受け継ぐ、〜を相続する」の意味。
意味 エリザベス2世は父の死後すぐに王位を継承した。
解答 1

10. **解説** 問題になっているのは熟語のhave〜in mind「〜を考えている、〜を意図している」の意味。
意味 私は彼らと交渉を始めることを考えていた。　**解答** 4

11. **解説** 問題になっているのは熟語のbe equivalent toで「〜に相当する」、presidencyは「社長の地位」の意味。
意味 彼の地位はアメリカの株式会社の社長の地位に相当する。
解答 2

12. **解説** この一文はことわざで、as the Romans doは「ローマ人のするように」の意味。
意味 郷に入っては郷に従え。　**解答** 2

13. **解説** この文は「How I wish＋主語＋仮定法過去」の仮定法の構文で、「〜であれば良いのになあ」の意味。
意味 私は青春時代をもう一度楽しめたらなあ。　**解答** 4

問題

14. The enterprises must be more (　　) to public concerns.
  1 sensitive　　2 fearful　　3 awful　　4 subject

15. (　　) I know, they are honest and reliable.
  1 As far as　　2 However　　3 Even if　　4 Whatever

16. He is one of the greatest geniuses of all (　　).
  1 life　　2 time　　3 centuries　　4 date

17. I went to France with a (　　) to studying art.
  1 theme　　2 view　　3 hope　　4 target

18. They talked over the matter to their (　　) content.
  1 minds'　　2 hearts'　　3 ideas'　　4 thoughts'

19. His good advice has no (　　) on them.
  1 account　　2 attention　　3 effect　　4 effort

20. (　　) from hesitating, Rosa willingly joined the party.
  1 Free　　2 Fear　　3 Far　　4 Favor

問題のポイントと解説

14. 解説　問題になっているのは熟語のbe sensitive toで「~に敏感である」、concernは「関心事」の意味。
意味　その企業は大衆の関心事により敏感であるに違いない。
解答　1

15. 解説　文頭にはas far as~「~の限りは」が入り、このas far as~は「程度の限度」、as long as~は「時間の限度・条件」を表す。
意味　私の知る限りでは彼らは正直で頼りになる。
解答　1

16. 解説　文末の~of all timeは「(名詞に後置して)古今を通じてまれに見る~」の意味。
意味　彼は古今を通じてまれに見る不世出の大天才である。
解答　2

17. 解説　問題になっているのはwith a view to ~ingの熟語で「~する目的で」の意味。
意味　私は芸術を学ぶためにフランスへ行った。
解答　2

18. 解説　文末のto one's heart's contentは「心行くまで、存分に」、また talk overは「~について語り合う、相談する」の意味。
意味　我々はその問題を心行くまで論じた。
解答　2

19. 解説　文中のhas [have] no (an) effect on~は「~に影響を及ぼす」の意味。
意味　彼の良い忠告も彼らには何の効き目もない。
解答　3

20. 解説　問題になっているのは熟語のfree fromで「(心配・苦痛)のない、~が免除された」の意味。
意味　ローザはためらうことなく、喜んでそのパーティーに参加した。
解答　1

問題

21. We ought to be all （　　） grateful to her.
　　1 the more　　2 the better　　3 the most　　4 the best

22. How （　　） can they get to Suzuka?
　　1 long　　2 far　　3 soon　　4 much

23. Please send us detailed information with （　　） to the goods.
　　1 regard　　2 place　　3 token　　4 way

24. She never goes out （　　） losing her umbrella.
　　1 whenever　　2 without　　3 except　　4 no

25. The matter was （　　） more than an accident.
　　1 not　　2 nor　　3 nothing　　4 none

問題のポイントと解説

21. 解説　文中の「all the＋比較級〜」は「それだけますます〜」、grateful は「感謝する」の意味。
　　　意味　私達はますます彼女に対して感謝すべきだ。　　解答　1

22. 解説　文頭のHow soon〜は「どのくらいで〜しますか、(予定より)早く〜しますか」の意味。
　　　意味　どのくらいで鈴鹿に到着出来ますか。　　解答　3

23. 解説　問題になっているのは熟語のwith [in] regard toで「〜に関しては、〜については」の意味。
　　　意味　どうかその商品に関する詳しい情報を送って下さい。
　　　　　　　　　　　　　　　　　　　　　　　　　　解答　1

24. 解説　文中のnever〜without... の構文の意味は「〜すれば必ず...する」の意味。
　　　意味　彼女は外出すると必ずかさを忘れてくる。　　解答　2

25. 解説　問題になっているのはnothing more than〜で「全く〜にすぎない」の意味。
　　　意味　その事件は全くの不慮の事故にすぎなかった。　　解答　3

参考文献

Close, R.A. 1975. *A Reference for Students of English*. Longman.
Hornby, A.S. 1975. *A Guide to Patterns and Usage in English*. Oxford.
Leech, G. & Svartik, J. 1975. *A Communicative Grammar of English*. Longman.
Palmer, R.F. 1974. *The English Verb*. Longman.
Raymond Murphy. 1994. *English Grammar in Use*. Cambridge.
荒木一夫・安井稔編. 1992.『現代英文法辞典』研究社.
江川泰一郎. 1991.『英文法解説改訂三版』金子書房.
堀口俊一・吉田勋. 1982.『英語表現文法』聖文社.
宮川幸久・綿貫陽・須貝猛敏・高松尚弘. 1988.『徹底例解ロイヤル英文法』旺文社.
安井稔編. 1987.『例解現代英文法事典』大修館.
吉川美夫. 1972.『新クラウン英文解釈』文建書房.
＿＿＿＿. 1977.『英文法要説』文建書房.
Collins COBUILD English Language Dictionary. 1995.
Longman Dictionary of Phrasal Verbe. 1983.
Longman Dictionary of Contemporary English. 1995.
Oxford Advanced Learner's Dictionary. 1995.
Random House Unabridged Dictionary. 1993.
『カレッジライトハウス英和辞典』1995. 研究社.
『新英和中辞典』1999. 旺文社.
『新英和大辞典』1980. 研究社.
『新クラウン英語熟語辞典』1986. 三省堂.
『新グローバル英和辞典』1994. 三省堂.
『ジーニアス英和辞典』1994. 大修館.
『プログレッシブ英和中辞典』1998. 小学館.
『ロイヤル英和辞典』1990. 旺文社.
『プロシード英和辞典』1990. 福武書店.

著者

三浦　誠（みうら　まこと）
　　亜細亜大学教養部教授

松倉　信幸（まつくら　のぶゆき）
　　鈴鹿国際大学国際学部助教授

英文法の合理的習得法
基礎がわかる・ターゲットは英検2級突破!!

定価（本体1800円＋税）　　　2000.9.1 初版印刷 / 2000.9.10 初版発行

発行者　井　田　洋　二

発行所　〒101-0062 東京都千代田区神田駿河台3の7
　　　　電話 03(3291)1676　FAX 03(3291)1675
　　　　振替 00190-3-56669
　　　　　　　　　　　　　　　　　株式会社　駿河台出版社

製版　㈱フォレスト／印刷　三友印刷㈱
ISBN-4-411-01761-X　C1082　¥1800E